Schopenhauer éducateur

Considérations Inactuelles

Friedrich Nietzsche

Traduit par Henri Albert

culturea

© 2022 Culturea Editions
Edition : Culturea, le patrimoine des lettres (Hérault, 34,)
Contact : infos@culturea.fr
Retrouvez notre catalogue sur http://culturea.fr
Imprimé par Books on Demand, In de Tarpen 42, Norderstedt (Allemagne).
ISBN : 9782385087883
Dépôt légal : novembre 2022
Tous droits réservés pour tous pays
Ce livre a été produit et maquetté par Reedsy.com

1.

Ce voyageur, qui avait vu beaucoup de pays et de peuples, et visité plusieurs parties du monde, et à qui l'on demandait quel était le caractère général qu'il avait retrouvé chez tous les hommes, répondait que c'était leur penchant à la paresse. Certaines gens penseront qu'il eût pu répondre avec plus de justesse : ils sont tous craintifs. Au fond, tout homme sait fort bien qu'il n'est sur la terre qu'une seule fois, en un exemplaire unique, et qu'aucun hasard, si singulier qu'il soit, ne réunira, pour la seconde fois, en une seule unité, quelque chose d'aussi multiple et d'aussi curieusement mêlé que lui. Il le sait, mais il s'en cache, comme s'il avait mauvaise conscience. Pourquoi ? Par crainte du voisin, qui exige la convention et s'en enveloppe lui-même. Mais qu'est-ce qui force l'individu à craindre le voisin, à penser, à agir selon le mode du troupeau, et à ne pas être content de lui-même ? La pudeur peut-être chez certains, mais ils sont rares. Chez le plus grand nombre, c'est le goût des aises, la nonchalance, bref ce penchant à la paresse dont parle le voyageur. Il a raison : les hommes sont encore plus paresseux que craintifs, et ce qu'ils craignent le plus ce sont les embarras que leur occasionneraient la sincérité et la loyauté absolues. Les artistes seuls détestent cette attitude relâchée, faite de convention et d'opinions empruntées, et ils dévoilent le mystère, ils montrent la mauvaise conscience de chacun, affirmant que tout homme est un mystère unique. Ils osent nous montrer l'homme tel qu'il est lui-même et lui seul, jusque dans tous ses mouvements musculaires ; et mieux encore, que, dans la stricte conséquence de son individualité, il est beau et digne d'être contemplé, qu'il est nouveau et incroyable comme toute œuvre de la nature, et nullement ennuyeux. Quand le grand penseur méprise les hommes, il méprise leur paresse, car c'est à cause d'elle qu'ils ressemblent à une marchandise fabriquée, qu'ils paraissent sans intérêt, indignes qu'on s'occupe d'eux et qu'on les éduque. L'homme qui ne veut pas faire partie de la masse n'a qu'à cesser de s'accommoder de celle-ci ; qu'il obéisse à sa conscience qui lui dit : « Sois toi-même ! Tout ce que tu fais maintenant, tout ce que tu penses et tout ce que tu désires, ce n'est pas toi qui le fais, le penses et le désires. »

Toute jeune âme entend cet appel de jour et de nuit, et il la fait frémir, car elle devine la mesure de bonheur qui lui est départie de toute éternité quand elle songe à sa véritable délivrance. Mais ce bonheur elle ne saurait l'atteindre d'aucune façon, tant qu'elle demeure prisonnière dans les chaînes des opinions et de la crainte. Et combien, sans cette délivrance, la vie peut être désespérante et dépourvue de signification ! Il n'y a pas, dans la nature, de créature plus morne et plus répugnante que l'homme qui a échappé à son génie, et qui maintenant louche à droite et à gauche, derrière lui et partout. En fin de compte, on ne peut plus même attaquer un pareil homme, car il est tout de surface, sans noyau véritable ; il est comme un vêtement défraîchi, mis à neuf et que l'on fait bouffer, comme un fantôme galonné qui ne peut plus inspirer la crainte et certainement pas la pitié.

Si l'on dit à juste titre du paresseux qu'il tue le temps, il faut veiller sérieusement à ce qu'une époque qui place son salut dans l'opinion publique, c'est-à-dire dans la paresse privée, soit véritablement une fois mise à mort ; je veux dire par là qu'elle doit être rayée de l'histoire de la délivrance véritable de la vie. Combien grande devra être la répugnance des générations futures, lorsqu'elles auront à s'occuper de l'héritage de cette période au cours de laquelle ce ne furent pas des hommes vivants qui gouvernèrent, mais des apparences d'hommes pensant publiquement. À cause de cela notre époque passera peut-être, aux yeux de quelque lointaine postérité, pour la tranche la plus obscure et la plus immense de l'histoire, parce que la plus inhumaine.

Je parcours les nouvelles rues de nos villes et j'imagine que de toutes ces affreuses maisons construites par la génération de ceux qui pensent publiquement il ne restera plus rien dans un siècle et qu'alors les opinions de ces constructeurs de maisons se seront probablement écroulées elles aussi. Combien, au contraire, ceux qui n'ont pas le sentiment qu'ils sont les citoyens de ce temps ont le droit d'être pleins d'espérance. S'ils étaient de ce temps ils contribueraient à sa destruction et périraient avec lui, tandis qu'au contraire ils veulent éveiller le temps à une vie nouvelle, pour se perpétuer dans cette vie même.

Mais, lors même que l'avenir ne nous laisserait rien espérer, la singulière existence que nous menons, précisément dans cet « aujourd'hui », nous encourage le plus fortement à vivre selon notre propre mesure, conformément à nos propres lois. N'est-il pas inexplicable que nous vivions en ce moment, alors qu'un temps infini nous a formés, que nous ne disposions que de notre brève existence actuelle, au cours de laquelle nous devons montrer pourquoi et dans quel dessein nous sommes nés précisément aujourd'hui ? Nous avons à répondre de notre existence devant nous-mêmes ; c'est pourquoi nous voulons être aussi les véritables pilotes de cette existence et ne pas permettre que notre vie ressemble à un hasard sans idées directrices. Il faut la traiter avec quelque peu d'audace et l'envisager dangereusement, d'autant plus qu'au meilleur comme au pire des cas, il ne peut nous arriver que de la perdre. Pourquoi s'attacher à cette glèbe, pourquoi tenir à tel métier, pourquoi tendre l'oreille pour écouter ce que dit le voisin ? C'est bien « petite ville » que de s'engager à des opinions qui ne comptent plus à des centaines de lieux de distance. L'orient et l'occident n'ont d'autre valeur que celle de quelques traits à la craie que quelqu'un dessine devant nos yeux pour se moquer de notre poltronnerie.

« Je veux faire l'essai de parvenir à la liberté », se dit la jeune âme ; et elle devrait en être empêchée parce que le hasard veut que deux nations se haïssent et se combattent, ou qu'il y ait une mer entre deux parties du monde, ou qu'autour d'elle on enseigne une religion qui, pourtant, il y a quelques milliers d'années, n'existait pas encore. « Tout cela, ce n'est pas toi, se dit-elle. Personne ne peut te construire le pont sur lequel toi tu devras franchir le pont de la vie, personne hormis toi seul. » Il est vrai qu'il existe d'innombrables sentiers et d'innombrables ponts et d'innombrables demi-dieux qui veulent te conduire à travers le fleuve ; mais le prix qu'ils te demanderont ce sera le sacrifice de toi même ; il faut que tu te donnes en gage et que tu te perdes. Il y a dans le monde un seul chemin que personne ne peut suivre en dehors de toi. Où conduit-il ? Ne le demande pas. Suis-le. Qui donc a prononcé ces paroles : « un homme ne s'élève jamais plus haut que lorsqu'il ne sait pas où son chemin peut le conduire ? » Mais comment pouvons-nous nous retrouver nous-mêmes ? Comment l'homme peut-il se connaître ? Ce sont là des questions difficiles à résoudre. Si le lièvre a sept peaux, l'homme peut s'en enlever sept fois septante sans qu'il puisse dire ensuite : « Cela est maintenant véritablement toi, ce n'est plus seulement une enveloppe. » De plus, c'est là un geste cruel et dangereux que de fouiller ainsi soi-même sa chair pour descendre brutalement, par le plus court chemin, dans le fond de son être. Comme il arrive facilement qu'on se blesse, sans qu'aucun médecin puisse nous guérir ! À quoi cela servirait-il, en outre, si tout témoigne de notre être, nos amitiés et nos inimitiés, notre regard et nos serrements de mains, notre mémoire et ce que nous oublions, nos livres et les traits de notre plume ? Mais il y a un moyen pour faire cette enquête importante.

Que la jeune âme jette un coup d'œil sur sa vie passée et qu'elle se pose cette question : Qui as-tu véritablement aimé jusqu'à présent ? Qu'est-ce qui t'a attiré et, tout à la fois, dominé et rendu heureux ? Fais défiler devant tes yeux la série des objets que tu as vénérés. Peut-être leur essence et leur succession te révèleront-elles une loi, la loi fondamentale, de ton être véritable. Compare ces objets, rends-toi compte qu'ils se complètent, s'élargissent, se surpassent et se transfigurent les uns les autres, qu'ils forment une échelle dont tu t'es servi jusqu'à présent pour grimper jusqu'à toi. Car ton essence véritable n'est pas profondément cachée au fond de toi-même ; elle est placée au-dessus de toi à une hauteur incommensurable, ou du moins au-dessus de ce que tu considères généralement comme ton moi. Tes vrais éducateurs, tes vrais formateurs te révèlent ce qui est la véritable essence, le véritable noyau de ton être, quelque chose qui ne peut s'obtenir ni par éducation ni par discipline, quelque chose qui est, en tous les cas, d'un accès difficile, dissimulé et paralysé. Tes éducateurs ne sauraient être autre chose pour toi que tes libérateurs.

C'est le secret de toute culture, elle ne procure pas de membres artificiels, un nez en cire ou des yeux à lunettes ; par ces adjonctions on n'obtient qu'une caricature de l'éducation. Mais la culture est une délivrance ; elle arrache l'ivraie, déblaye les décombres, éloigne le ver qui blesse le tendre germe de la plante ; elle projette des rayons de lumière et de chaleur ; elle est pareille à la chute bienfaisante d'une pluie nocturne. Imitant et adorant la nature, lorsque celle ci est maternelle et compatissante, elle accomplit l'œuvre de la nature lorsqu'elle prévient ses coups impitoyables et cruels, pour les faire tourner au bien, lorsqu'elle jette un voile sur ses impulsions de marâtre et ses tristes déraisons.

Certes, il existe d'autres moyens de se retrouver, de revenir à soi-même de l'engourdissement où l'on vit généralement comme enveloppé d'un sombre nuage, mais je n'en connais point de meilleur que de revenir à son éducateur, à celui qui nous a formés. Et c'est pourquoi je veux me souvenir aujourd'hui de ce maître et de ce censeur dont je puis me glorifier, d'Arthur Schopenhauer, quitte à rendre plus tard hommage à d'autres encore.

2.

Si je veux décrire quel événement ce fut pour moi lorsque je jetai un premier coup d'œil sur les écrits de Schopenhauer, il faut que je m'arrête un peu à cette image qui, dans ma jeunesse, se présentait à mon esprit, fréquente et impérieuse, comme nulle autre. Lorsque je me laissais aller jadis à vagabonder à plaisir pour formuler des souhaits, je me disais que le terrible effort et l'impérieux devoir de m'éduquer moi-même pourraient m'être enlevés par le destin s'il m'arrivait de trouver à temps un philosophe qui serait mon éducateur, un vrai philosophe à qui l'on pourrait obéir sans hésitation parce qu'on aurait plus confiance en lui qu'en soi-même. Il m'arrivait alors de me demander quels seraient les principes en vertu desquels il m'éduquerait, et je réfléchissais à ce qu'il penserait des deux principes d'éducation en usage aujourd'hui. L'un exige de l'éducateur qu'il reconnaisse immédiatement les dons particuliers de ses élèves et qu'il dirige ensuite toutes les forces et toutes les facultés vers cette unique vertu pour l'amener à la maturité véritable et à la fécondité. L'autre maxime veut, par contre, que l'éducateur discerne et cultive toutes les forces pour établir entre elles un rapport harmonieux. Mais faudrait-il contraindre celui qui a un penchant décidé vers l'orfèvrerie à cultiver, à cause de cela, la musique ? Devrait-on donner raison au père de Benvenuto Cellini, qui obligea son fils, à retourner toujours au « doux cornet », alors que celui-ci ne parlait de son instrument qu'en l'appelant « ce maudit sifflet » ? On n'approuvera pas un pareil procédé en face de dons qui s'affirment avec tant de précision. Cette maxime du développement harmonieux ne devrait donc être appliquée que sur des natures plus faibles, qui sont peut-être un repaire de besoins et de penchants, mais, si on les prend isolément, ou en bloc, ne signifient pas grand'chose.

Or, où donc trouvons-nous l'ensemble harmonieux et la consonance de plusieurs voix en une seule nature, où donc admirons-nous davantage l'harmonie, si ce n'est précisément chez des hommes tels que Cellini en était un, des hommes chez qui tout, la connaissance, le désir, l'amour, la haine tendaient vers un noyau, vers une force originelle et où naît précisément, par la prépondérance impérieuse et souveraine de ce centre vivant, un système harmonieux de mouvements ? Il se peut donc que les deux maximes ne soient pas du tout en contradiction. Peut être l'une affirme-t-elle seulement que l'homme doit avoir un centre et l'autre qu'il doit avoir aussi une périphérie. Ce philosophe éducateur, dont je rêvais à part moi, ne se contenterait probablement pas de découvrir la force centrale, mais il saurait éviter aussi qu'elle exerce une action destructive sur les autres forces : la tâche de son œuvre éducatrice devrait être, à mon sens, de transformer l'homme tout entier en un système solaire et planétaire, vivant et mouvant, et de reconnaître la loi de sa mécanique supérieure.

Toujours est-il que ce philosophe me manquait et je continuai à tâtonner çà et là. Je me rendis compte à quel point nous sommes d'aspect misérable, nous autres hommes modernes, si on nous compare aux Grecs et aux Romains, ne fût-ce que par rapport à la compréhension sévère et sérieuse des tâches éducatrices. On peut parcourir toute l'Allemagne avec le cœur animé d'un pareil besoin, on peut aller d'une Université à l'autre sans trouver ce que l'on cherche ; des désirs infiniment moindres et beaucoup plus simples n'y trouvent pas leur réalisation. Celui qui, parmi les Allemands, voudrait par exemple faire sérieusement son éducation d'orateur, celui qui aurait l'intention de se mettre à l'école de l'écrivain, ne trouverait nulle part ni maître, ni école. On ne paraît pas encore avoir songé ici que parler et écrire sont des arts qui ne peuvent être acquis sans la direction la plus attentive et l'apprentissage le plus laborieux.

Mais rien ne démontre, d'une façon plus marquée et plus humiliante, le sentiment de satisfaction prétentieuse que les contemporains éprouvent à l'égard d'eux-mêmes, si ce n'est la médiocrité, moitié parcimonieuse, moitié étourdie, des prétentions qu'ils imposent aux éducateurs et aux maîtres. De quoi se contente-t-on, même parmi les gens les plus distingués et les mieux éduqués, sous le nom de « précepteur » ! Quel ramassis de cerveaux confus et d'organisations démodées est souvent désigné sous le nom de « gymnase » et trouvé bon ? Qu'est-ce qui nous suffit à tous comme établissement supérieur d'instruction publique, comme Université, quels conducteurs, quelles institutions, quand on songe à la difficulté de la tâche qui consiste à éduquer un homme pour qu'il devienne un homme ? Même la façon tant admirée dont les savants allemands se jettent sur leur tâche montre avant tout que ceux-ci pensent plus à la science qu'à l'humanité, qu'on leur inculque le désir de se sacrifier à la science comme une troupe perdue, pour dresser ensuite de nouvelles générations à ce sacrifice. La fréquentation de la science, si elle n'est dirigée et endiguée par les maximes les plus élevées de l'éducation, mais si on la déchaîne toujours davantage, d'après le principe que « plus il y en a, mieux cela vaudra », cette fréquentation est certainement aussi dangereuse pour les savants que le principe économique du « laisser faire » pour la moralité des peuples tout entiers. Qui donc se souvient encore que l'éducation des savants, chez qui l'humanité ne doit être ni abandonnée ni desséchée, est un des problèmes les plus difficiles ! Et pourtant on peut en apercevoir la difficulté si l'on fait attention aux nombreux exemplaires qui ont été déformés par un abandon trop précoce à la science et qui ont conservé de cette occupation même une gibbosité. Mais il existe encore une preuve plus importante, qui témoigne de l'absence de toute éducation supérieure, une preuve plus imposante, plus dangereuse et, avant tout, plus générale, s'il apparaît, dès l'abord, clairement pourquoi un orateur, un écrivain, ne peuvent être éduqués aujourd'hui, – parce qu'il n'y a pour eux point d'éducateurs – ; s'il apparaît presque tout aussi clairement pourquoi un savant s'altère et se tortille maintenant forcément l'esprit – parce que c'est la science, c'est-à-dire une abstraction inhumaine qui doit l'éduquer, – on peut se demander un jour où se trouvent au fond, pour nous tous, savants et ignorants, nobles et vilains, les modèles moraux, les célébrités parmi nos contemporains qui seraient l'incarnation visible de toute morale créatrice de ce temps ? Où donc a passé toute réflexion au sujet des questions morales dont se sont préoccupées de tous temps les sociétés les plus évoluées ? Il n'existe plus d'hommes illustres qui cultivent ces questions ; personne ne se livre plus à des méditations qui s'y rattachent ; de fait, on se nourrit sur le capital de moralité que nos ancêtres ont amassé et que nous ne nous entendons pas à augmenter au lieu de le gaspiller ; dans notre société, ou bien on ne parle pas de pareilles choses, ou bien on en parle avec une maladresse et une inexpérience naturalistes qui provoquent forcément la répugnance. C'est au point que nos écoles et nos maîtres font maintenant abstraction de toute éducation morale ou qu'ils se tirent d'affaire avec des formules : et le mot vertu est un mot qui ne dit plus rien ni au maître ni à l'élève, un mot de l'ancien temps dont on sourit ; et c'est pis encore lorsqu'on ne sourit pas, car alors on fait l'hypocrite.

L'explication de cette mollesse et de l'étiage inférieur de toutes les forces morales est difficile et compliquée. Mais nul ne peut considérer l'influence du christianisme victorieux du monde ancien, sans tenir compte aussi de la répercussion qu'exerce la défaite du christianisme, c'est-à-dire le sort qui l'attend à notre époque avec une certitude de plus en plus grande. Le christianisme, par l'élévation de son idéal, a tellement renchéri sur les anciens systèmes de morale et sur le naturel qui régnait également dans tous ces systèmes, qu'en face de ce naturel les sens se sont émoussés jusqu'à l'écœurement ; ensuite, tout en admettant encore cette qualité supérieure sans être capable de la réaliser, on n'était capable, quoi qu'on en eût, de revenir au bien et à la grandeur, c'est-à-dire à cette vertu antique. Dans ce va-et-vient entre le christianisme et l'antiquité, entre un timide et mensonger christianisme de mœurs et un goût de l'antiquité tout aussi découragé et tout aussi embarrassé, vit l'homme moderne et il s'en trouve fort mal ; la crainte héréditaire du naturel et encore le charme renouvelé de ce naturel, le désir de trouver un appui quel qu'il soit, la faiblesse de la connaissance qui vacille entre le bien et le meilleur, tout cela engendre dans l'âme moderne une inquiétude et un désordre qui la condamnent à être stérile et sans joie. Jamais on n'avait davantage besoin d'éducateurs moraux et jamais il ne fut plus improbable qu'on les trouverait. À des époques où les médecins sont le plus nécessaires, dans les cas de grandes épidémies, ils sont aussi le plus exposés au danger. Car où sont les médecins de l'humanité moderne, assez bien portants et assez solides sur leurs jambes pour pouvoir soutenir quelqu'un d'autre et le conduire par la main ? Il y a un certain assombrissement, une sorte d'apathie qui pèse sur les meilleures personnalités de notre temps, un éternel mécontentement provoqué par la lutte entre la simulation et la loyauté qui se livre au fond de leur être, une inquiétude qui leur enlève la confiance en eux-mêmes, et c'est celle qui les rend tout à fait incapables d'être à la fois les conducteurs et les censeurs des autres.

C'est donc vraiment s'écarter du but de ses désirs que de s'imaginer trouver comme éducateur un vrai philosophe qui pourrait nous sortir de l'insuffisance conditionnée par la misère de notre époque, pour nous enseigner à être de nouveau *simples* et *honnêtes* aussi bien dans notre pensée que dans notre vie, c'est-à-dire inactuels, le mot pris dans son sens le plus profond ; car les hommes sont maintenant devenus si multiples et si compliqués, qu'il leur faut devenir déloyaux dès qu'ils veulent parler, poser des affirmations et agir d'après celles-ci.

Étant ainsi agité par des aspirations, des besoins et des désirs, j'appris à connaître Schopenhauer.

J'appartiens à ces lecteurs de Schopenhauer qui, après qu'ils ont lu de lui la première page, savent avec certitude qu'ils liront l'œuvre entière et qu'ils écouteront chacune des paroles qu'il a écrites. Ma confiance en lui fut soudaine et aujourd'hui elle est encore la même que celle qu'elle était il y a neuf ans. Je le compris comme s'il avait écrit à mon intention ; ceci pour m'exprimer d'une façon intelligible bien qu'immodeste et sotte. De là vint que je n'ai jamais trouvé chez lui un paradoxe, bien que j'aie relevé ça et là de petites erreurs, car que sont les paradoxes sinon des affirmations qui n'inspirent pas confiance, parce que l'auteur les lança sans y croire vraiment, voulant seulement briller et séduire par leur moyen, simplement se donner une attitude ? Schopenhauer ne prend jamais d'attitude, car il écrit pour lui-même et personne n'aime à être dupé, le philosophe moins que quiconque, lui qui a même érigé en règle : ne trompe personne, pas même toi-même ! Ne trompe même pas avec la complaisante duperie sociale que comporte presque chaque entretien et que les écrivains imitent presque inconsciemment ; moins encore au moyen de la duperie plus consciente qui part de la tribune de l'orateur et qui se sert des moyens artificiels de la rhétorique. Schopenhauer, tout au contraire, se parle à lui-même, et si l'on veut, à tout prix, s'imaginer un auditeur, qu'on songe au fils que son père instruit. C'est un épanchement loyal, rude et cordial, devant un auditeur qui écoute avec amour. Des écrivains de ce genre nous font défaut. Un sentiment de bien-être vigoureux s'empare de nous dès que nous entendons le son de sa voix ; il en est de nous comme si nous pénétrions dans une haute futaie : nous respirons soudain plus librement et nous nous sentons renaître. « Il y a ici un air fortifiant, toujours pareil », nous disons-nous ; il y a ici un calme et un naturel inimitables, tels que l'éprouvent des hommes qui se sentent maîtres dans leur propre maison, dans une très riche maison, et cela en opposition avec les écrivains qui, quand ils ont une fois été spirituels, s'en étonnent le plus eux-mêmes, leur débit prenant de ce fait quelque chose d'inquiet et d'antinaturel. De même, quand Schopenhauer parle, nous ne nous rappelons pas le savant que la nature a doué de membres engourdis et inhabiles, le savant à la poitrine étroite, au geste anguleux et embarrassé ou à la démarche arrogante. Tout au contraire, l'âme rude et un peu sauvage de Schopenhauer apprend, non tant à regretter qu'à mépriser la souplesse et la grâce de courtisans des bons écrivains français, et personne ne découvrirait chez lui cette imitation apparente, en quelque sorte plaquée des Français, dont certains écrivains allemands tirent vanité.

L'expression de Schopenhauer me fait souvenir çà et là quelque peu de Gœthe, mais autrement elle ne me rappelle aucun modèle allemand. Car Schopenhauer s'entend à dire simplement ce qui est profond et ce qui est émouvant sans rhétorique, ce qui est sévèrement scientifique sans pédanterie. De quel maître allemand aurait-il pu apprendre cela ? Aussi se tient-il éloigné de la manière pointilleuse et mobile à l'excès de Lessing, cette manière très peu allemande, s'il m'est permis de la qualifier ainsi ; et ceci constitue un mérite, vu que Lessing, pour ce qui est de l'expression en prose, est l'auteur allemand le plus séduisant. Et pour dire dès maintenant le suprême de ce que je puis dire de son procédé d'exposition, je veux rapporter à lui-même cette phrase qu'il a écrite : « Il faut qu'un philosophe soit très loyal pour ne se servir d'aucun accessoire poétique ou rhétorique. » Que la probité soit quelque chose, que ce soit même une vertu, c'est là, à vrai dire, à notre époque d'opinion publique, une de ces opinions privées dont l'affirmation est interdite. Et c'est pourquoi je n'aurai pas loué Schopenhauer, mais je l'aurai seulement caractérisé lorsque j'aurai répété : il est loyal, même en tant qu'écrivain ; si peu d'écrivains le sont que l'on devrait en somme se méfier de tous les hommes qui écrivent. Il n'y a qu'un seul écrivain que je place au même rang que Schopenhauer pour ce qui est de la probité, et je le place même plus haut, c'est Montaigne. Qu'un pareil homme ait écrit, véritablement la joie de vivre sur terre s'en trouve augmentée. Pour ma part, du moins, depuis que j'ai connu cette âme, la plus libre et la plus vigoureuse qui soit, il me faut dire ce que Montaigne disait de Plutarque : « À peine ai-je jeté un coup d'œil sur lui qu'une cuisse ou une aile m'ont poussé.(1) » C'est avec lui que je tiendrais, si la tâche m'était imposée de m'acclimater sur la terre.

En dehors de la probité, il y a encore une autre qualité que Schopenhauer a en commun avec Montaigne, c'est une véritable sérénité rassérénante, *aliis lœtus, sibi sapiens*. Car il existe deux façons très différentes de sérénité. Le penseur véritable rassérène et réconforte toujours quoi qu'il exprime, sa gravité ou sa plaisanterie, son entendement humain ou son indulgence divine ; il le fait sans gestes moroses, mains tremblantes ou yeux mouillés, mais avec assurance et simplicité, avec force et courage, peut-être d'une façon chevaleresque et dure, en tous les cas comme quelqu'un qui est victorieux. Or, c'est cela précisément qui rassérène le plus profondément et le plus cordialement de voir le dieu victorieux à côté de tous les monstres qu'il a combattus. Songez, par contre, à la sérénité telle qu'on la rencontre de-ci de-là chez les écrivains médiocres et chez les penseurs à courte vue ; la lecture seule suffit pour nous autres à nous plonger dans la misère ; c'est le sentiment que j'ai éprouvé, par exemple, devant la sérénité de Strauss. On a véritablement honte d'avoir des contemporains aussi sereins, parce qu'ils compromettent votre époque et nous autres hommes auprès de la postérité. Ces joyeux compagnons ne voient pas les souffrances et les calamités qu'ils prétendent apercevoir et combattre en leur qualité de penseurs ; leur sérénité chagrine, car elle est une duperie, parce qu'elle veut faire croire qu'il y a là une victoire. La sérénité cependant n'existe en somme que lorsqu'elle est le résultat d'une victoire ; il en est ainsi dans les œuvres des vrais penseurs, aussi bien que dans toute œuvre d'art.

Que la matinée soit terrible et sérieuse, autant que peut l'être le problème de l'existence, l'œuvre ne paraîtra accablante et obsédante que lorsque le demi-penseur ou le demi-artiste l'aura étouffée sous les exhalaisons de sa médiocrité ; tandis que l'homme ne peut rien recevoir en partage de plus joyeux et de meilleur que de s'approcher d'un de ces victorieux qui, parce qu'ils ont imaginé ce qu'il y a de plus profond, devront précisément aimer ce qu'il y a de plus vivant et qui, en sages, devront finir par s'incliner vers le beau. Ils parlent véritablement, ils ne se contentent pas de répéter en bégayant ; ils se meuvent et vivent véritablement, non pas en se dissimulant d'une façon inquiétante sous un masque, comme font généralement les hommes, c'est pourquoi nous éprouvons dans leur voisinage quelque chose de vraiment humain et de naturel et que nous aimerions nous écrier comme Gœthe : « Combien une chose vivante est magnifique et délicieuse ; avec quelle mesure elle remplit ses conditions ; elle est vraie, elle existe ! »

Je ne fais que décrire la première impression, en quelque sorte physiologique, que Schopenhauer a produite en moi : ce rayonnement mystérieux de la puissance intime, qu'un produit de la nature exerce sur un autre dès la première et la plus légère approche ; et quand je décompose après coup cette impression, j'y trouve trois éléments, car j'ai trouvé chez Schopenhauer de la loyauté, de la sérénité et de la constance. Il est honnête parce qu'il se parle et s'écrit à lui-même et pour lui-même, rasséréné parce qu'il a vaincu par la réflexion ce qu'il y a de plus difficile, et constant parce qu'il convient qu'il soit ainsi. Sa force s'élève comme une flamme par un temps calme, droite et légère, indifférente, sans tremblement et sans inquiétude. Il trouve son chemin dans tous les cas, sans que nous remarquions même qu'il l'a cherché ; comme s'il y était contraint par la loi de la pesanteur, il marche devant lui, sûr et agile, poussé par une nécessité. Celui qui a jamais senti ce que cela veut dire, à notre époque d'humanité niaise, de trouver une fois un être naturel, d'un seul jet, suspendu dans ses propres gonds, un être sans entraves et sans préjugés, celui-ci comprendra le bonheur et l'étonnement qui s'emparèrent de moi lorsque j'eus trouvé Schopenhauer. Je me doutais que j'avais découvert en lui cet éducateur et ce philosophe que j'avais si longtemps cherchés. Hélas ! je n'en possédais que l'expression à travers les livres et c'était là une véritable pénurie. Je m'efforçais d'autant plus à voir à travers le livre et à me figurer l'homme vivant dont je pouvais lire le grand testament et qui promettait de n'instituer ses héritiers que ceux qui voulaient et pouvaient être plus que simplement ses lecteurs : ses fils et ses élèves.

3.

Je ne me soucie d'un philosophe qu'autant qu'il est capable de donner un exemple. Que par l'exemple il puisse tirer après lui des peuples tout entiers, il n'y a à cela aucun doute ; l'histoire de l'Inde, qui est presque l'histoire de la philosophie hindoue, le démontre. Mais l'exemple doit être donné par la vie apparente et non point seulement par les livres, c'est-à-dire de la façon dont enseignaient les philosophes de la Grèce, par la mine, l'attitude, le costume, la nourriture, les mœurs, plus que par la parole ou même les écrits. Combien de choses nous font encore défaut en Allemagne pour arriver à cette courageuse visibilité d'une vie philosophique ? C'est peu à peu seulement que chez nous les corps se délivrent, quand les esprits paraissent déjà délivrés depuis longtemps ; et pourtant c'est une illusion de croire qu'un esprit est libre et indépendant, cette indépendance sans limites une fois réalisée – et qui n'est au fond que la limitation volontaire du créateur – n'est pas, démontrée à nouveau par chaque regard, à chaque pas, du matin au soir. Kant s'accrocha à l'Université, se soumit au Gouvernement, conserva l'apparence d'une foi religieuse, supporta de vivre parmi des collègues et des étudiants. Il est donc naturel que son exemple engendra surtout des professeurs d'Université et une philosophie de professeurs. Schopenhauer ne s'embarrasse pas des castes sa vantes, il se sépare et aspire à être indépendant de l'État et de la Société. C'est là un exemple qu'il nous donne, un modèle qu'il nous propose d'imiter, si nous voulons prendre ici, comme point de départ, des circonstances extérieures. Mais beaucoup de degrés dans la libération de la vie philosophique sont encore inconnus parmi les Allemands et ne pourront pas le rester toujours.

Nos artistes vivent plus audacieusement et plus honnêtement ; le plus puissant exemple que nous ayons devant nos yeux, celui de Richard Wagner, nous montre comment le génie ne doit pas craindre de se mettre en opposition rigoureuse avec les formes et les prescriptions établies, quand il veut élever à la lumière l'ordre et la vérité supérieurs qui vivent en lui. La « vérité », cependant, que nos professeurs ont sans cesse à la bouche, apparaît, à vrai dire, comme un être beaucoup moins exigeant, dont il ne faut craindre ni désordre ni infraction à l'ordre établi ; elle apparaît comme une créature bonasse et aimant ses aises, qui donne sans cesse, à tous les pouvoirs établis, l'assurance qu'elle ne causera jamais à personne le moindre embarras, car elle n'est, après tout, que la « science pure ». Or je voulais affirmer que la philosophie en Allemagne doit désapprendre de plus en plus d'être une « science pure » et l'homme qu'est Schopenhauer devrait nous servir d'exemple.

Mais c'est véritablement un miracle et ce n'est rien moins que le fait qu'il ait pu s'élever à devenir cet exemple humain, car du dehors et du dedans il était assailli en quelque sorte par les dangers les plus formidables qui eussent étouffé ou éparpillé toute créature plus faible. Il y avait, à ce qu'il me semble, une forte probabilité que Schopenhauer disparaîtrait en tant qu'homme, pour laisser au moins comme résidu de la « science pure » ; mais cela encore seulement dans le cas le plus favorable, car il semblait fort probable qu'il dût sombrer aussi bien comme homme que comme science.

Un Anglais moderne décrit de la façon suivante le danger que courent le plus souvent les hommes extraordinaires qui vivent dans une société médiocre : « Ces caractères exceptionnels commencent par être humiliés, puis ils deviennent mélancoliques, pour tomber malades ensuite et mourir enfin. Un Shelley n'aurait pas pu vivre en Angleterre et toute une race de Shelley eût été impossible. » Nos Hœlderlin et nos Kleist, d'autres encore, périrent parce qu'ils étaient extraordinaires et qu'ils ne parvenaient pas à supporter le climat de ce qu'on appelle la « culture » allemande. Seules des natures de bronze, comme Beethoven, Gœthe, Schopenhauer et Wagner, parviennent à supporter l'épreuve. Mais chez eux aussi apparaît, dans beaucoup de traits et beaucoup de rides, l'effet de cette lutte et de cette angoisse déprimante entre toutes : leur respiration devient plus pénible et le ton qu'ils prennent est souvent forcé. Ce diplomate sagace qui n'avait vu Gœthe et ne lui avait parlé que superficiellement déclara à ses amis : « Voilà un homme qui a de grands chagrins ! » Gœthe interpréta ces paroles en traduisant : « En voilà un qui ne s'est épargné aucune peine ! » Et il ajoutait : « Si sur les traits de notre visage les traces de souffrances surmontées, d'actions accomplies ne peuvent s'effacer, il n'est pas étonnant que ce qui reste de nous et de nos efforts porte aussi ces traces. »

C'est là ce Goethe que nos philistins de la culture désignent comme le plus heureux des Allemands, pour démontrer leur affirmation que, quoi qu'on dise, il doit être possible de trouver le bonheur parmi eux. Ce disant ils ont l'arrière-pensée qu'il ne faut pardonner à personne qui, au milieu d'eux, serait malheureux et solitaire. C'est pourquoi, avec une grande cruauté, ils ont posé et expliqué pratiquement le principe que son isolement est la conséquence d'une faute secrète. Or, ce pauvre Schopenhauer avait, lui aussi, sur le cœur, une faute secrète, celle de mettre plus de prix à sa philosophie qu'à ses contemporains ; de plus, il avait le malheur de savoir précisément par Gœthe qu'il lui fallait à tout prix défendre sa philosophie dans son existence même contre l'indifférence de ses contemporains. Car il existe une sorte de censure inquisitoriale que les Allemands, selon le jugement de Gœthe, ont poussée à son extrême limite, c'est le silence inviolable. Par ce silence ils avaient déjà atteint une chose, c'est que la plus grande partie des exemplaires de la première édition de l'œuvre principale de Schopenhauer fut mise au pilon. Devant le danger qui le menaçait de voir sa grande action réduite à néant par l'indifférence il fut pris d'une inquiétude terrible et difficile à maîtriser ; aucun adepte de quelque importance ne se montrait. Nous sommes attristés de le voir en quête de la moindre trace de notoriété et son triomphe tardif, triomphe retentissant, trop retentissant, à l'idée de se voir enfin véritablement lu (*legor et legar*) a pour nous quelque chose de saisissant et de douloureux. Tous les traits, où il ne laisse pas voir la dignité du philosophe, montrent précisément l'homme qui souffre, inquiet de ses biens les plus sacrés. C'est ainsi qu'il était tourmenté par le souci de perdre sa petite fortune et de ne plus pouvoir conserver son attitude véritablement antique vis-à-vis de la philosophie ; c'est ainsi que, dans son désir de rencontrer des hommes absolument confiants et compatissants, il fit souvent fausse route, revenant toujours avec un regard mélancolique à son chien fidèle. Ermite, il l'était absolument ; aucun ami partageant ses idées ne le consolait. Entre un seul et aucun, comme entre le moi et le néant il y a ici un infini. Quiconque a de véritables amis sait ce que c'est que la vraie solitude, lors même qu'il aurait autour de lui le monde entier comme adversaire. Je vois bien que vous ne savez pas ce que c'est que l'esseulement.

Partout où il y a eu des sociétés, des gouvernements puissants, des religions, des opinions publiques dominantes, bref, partout où il y eut jamais de la tyrannie, les philosophes solitaires ont été détestés ; car la philosophie ouvre aux hommes un asile où aucune tyrannie ne peut pénétrer, les cavernes de l'être intime, le labyrinthe de la poitrine, et c'est ce qui exaspère les tyrans. Voilà le refuge des solitaires, mais là aussi un grand danger les guette. Ces hommes, dont la liberté s'est réfugiée au fond d'eux mêmes, sont aussi condamnés à vivre extérieurement, à être visibles, à se faire voir ; ils ont d'innombrables relations humaines par leur naissance, leur milieu, leur éducation, leur patrie, par les circonstances du hasard et par l'importunité des autres ; de même on leur suppose d'innombrables opinions, parce que ces opinions sont les opinions dominantes ; toute mimique qui n'est pas une dénégation paraît être de l'approbation ; tout geste qui n'est pas un geste destructeur est interprété comme un consentement. Ils savent, ces solitaires et ces libres d'esprit, que sans cesse ils paraîtront, en une circonstance quelconque, différents de ce qu'ils sont ; tandis qu'ils ne veulent que la vérité et la loyauté, ils sont pris dans les mailles d'un réseau de malentendus, et leur désir ardent ne peut empêcher que leur moindre action s'enveloppe d'une nuée d'opinions fausses, d'adaptation, de demi-aveux, de silences discrets, d'interprétations erronées. Un voile de mélancolie enveloppe alors leur front, car l'idée que la simulation est une nécessité paraît, à de semblables natures plus détestable que le vent ; si leur amertume persiste ils accumulent au fond d'eux-mêmes des pensées qui menacent de produire une explosion volcanique.

De temps en temps, ils se vengent, de cette obligation de se cacher, de leur réserve forcée. Ils sortent de leur caverne avec des airs terribles ; leurs paroles et leurs actes sont alors des explosions et il est possible que leur nature même les fasse périr. C'est ainsi que Schopenhauer vivait dangereusement. De pareils solitaires ont besoin d'aimer, ils ont besoin de compagnons devant lesquels il leur est permis d'être ouverts et simples comme devant eux-mêmes, en présence desquels cessent les convulsions des réticences et de la dissimulation. Enlevez ces compagnons et vous engendrez un danger croissant. Cette désaffection a fait périr Henri de Kleist et c'est le plus terrible antidote contre des hommes extraordinaires de les replonger ainsi profondément en eux-mêmes, de telle sorte, que leur retour à la surface est chaque fois semblable à une explosion volcanique. Pourtant il existe encore des demi-dieux qui sont capables de vivre dans des conditions aussi abominables, de vivre même victorieusement ; si vous voulez entendre les chants solitaires d'un de ces demi-dieux, écoutez la musique de Beethoven.

Demeurer solitaire, tel fut donc le premier danger dont l'ombre environna Schopenhauer. Mais il était exposé encore à un autre danger, celui de désespérer de la vérité. Ce danger accompagne tout penseur qui prend comme point de départ la philosophie kantienne, en admettant qu'il soit un homme vigoureux et complet, aussi bien dans ses souffrances que dans ses passions et non point seulement une bruyante machine à penser et à calculer. Or, nous savons tous fort bien ce qu'il y a d'humiliant dans cette condition préalable que nous posons. Il me semble même que c'est seulement chez un petit nombre d'hommes que l'influence de Kant s'est fait sentir d'une façon vivante, pénétrant le sang et la sève. On affirme partout, à vrai dire, ainsi qu'on l'écrit, que depuis l'acte de ce modeste savant une révolution a éclaté dans tous les domaines intellectuels, mais je ne puis y croire. Car je n'aperçois point d'une façon précise les traces de cette révolution chez les hommes qui devraient pourtant être atteints avant que des domaines entiers aient été révolutionnés. Mais, dès que nous apercevons l'influence populaire de Kant, celle-ci apparaîtra devant nos yeux sous la forme d'un scepticisme et d'un relativisme qui rongent et qui émiettent ; et c'est seulement chez les esprits les plus actifs et les plus nobles, n'ayant jamais toléré de vivre dans l'incertitude que se présenterait, au lieu de cet esprit, le sentiment de douter et désespérer de toute vérité, tel que nous le retrouvons par exemple chez Henri de Kleist, comme un effet de la philosophie kantienne.

« Récemment, écrit-il une fois sur le ton saisissant qui lui était coutumier, récemment j'ai pris contact avec la philosophie kantienne et il faut que je te communique mes idées à son sujet, sans devoir craindre qu'elle ne t'ébranle aussi profondément, aussi douloureusement que moi... Nous ne pouvons pas décider si ce que nous appelons vérité est véritablement la vérité ou si elle nous paraît seulement telle. Dans le dernier cas, la vérité que nous cherchons ici-bas n'est plus rien après la mort et tout effort est vain d'acquérir un bien qui nous suit dans la tombe... Si la pointe de cette idée ne touche pas ton cœur, ne souris pas d'un autre qu'elle a blessé profondément, jusqu'en son tréfonds le plus sacré. Mon seul but, mon but le plus sacré, s'est évanoui et je n'en ai plus d'autre. »

Quand donc les hommes éprouveront-ils de nouveau de la sorte des sentiments naturels comme ceux qu'éprouva Kleist, quand sauront-ils mesurer de nouveau le sens d'une philosophie à l'étiage de leur « tréfonds le plus sacré » ? Et pourtant il devrait en être ainsi, pour que nous puissions apprécier ce que, après Kant, Schopenhauer peut être pour nous, à savoir le chef qui, des cimes du découragement sceptique ou du renoncement critique mène plus haut, jusqu'au sommet de la contemplation tragique, tandis que l'infini de la voûte nocturne constellée d'étoiles se déploie au-dessus de nous. Ce chef a lui-même été le premier à suivre cette voie. Il considéra l'image de la vie comme un ensemble et l'interpréta comme un ensemble. C'est en cela qu'il fut grand, tandis que les esprits les plus sagaces ne peuvent se délivrer de l'erreur qui consiste à croire que l'on serre de plus près cette interprétation, quand on examine minutieusement les couleurs qui ont servi à peindre cette image, la toile sur laquelle elle est fixée et que l'on est peut-être arrivé à ce résultat que c'est une toile dont la trame est embrouillée et que les couleurs ne peuvent s'analyser chimiquement. Il faut deviner le peintre pour comprendre l'image, c'est ce que savait Schopenhauer. Or toute la tribu des gens de science s'applique à comprendre cette toile et ces couleurs, sans comprendre l'image. On peut même dire que celui-là seul qui a fixé ses regards sur l'ensemble du tableau de la vie et de l'être pourra se servir des sciences spéciales sans en éprouver de dommages car, sans ces vues et ces règles générales, les sciences spéciales ne sont que des traquenards, et nous nous sentons alors pris dans les mailles d'un filet interminable, où notre existence s'embrouille dans un labyrinthe sans fin.

C'est en cela, je le répète, que Schopenhauer est grand, qu'il poursuit cette image, comme Hamlet poursuivit le spectre, sans se laisser détourner à la manière des savants, ou sans s'abandonner à la scolastique abstraite, comme c'est le sort des dialecticiens indomptés. L'étude des demi-philosophes n'a d'attrait que parce que l'on se rend compte que ceux-ci tombent toujours, dans les constructions édifiées par les grandes philosophies, sur les endroits où il est possible d'exercer la critique savante, où la réflexion, le doute, la contradiction sont permis. De la sorte, ils échappent aux exigences de la grande philosophie qui, dans son ensemble, affirme toujours qu'elle est l'échange de la vie et que par elle on peut apprendre le sens de sa propre vie. Et, inversement, il te suffira de savoir lire dans ta propre vie pour y deviner les hiéroglyphes de la vie universelle. Voilà aussi l'interprétation qu'il faudra toujours donner en premier lieu à la philosophie de Schopenhauer ; elle devra être individuelle, comme un retour de l'individu à lui-même, pour qu'il comprenne sa propre misère et ses propres besoins ; sa propre limitation, et qu'il connaisse les antidotes et les consolations qui ne peuvent être que le sacrifice de son propre moi, la soumission aux intentions les plus nobles, avant tout à la justice et à la miséricorde. Schopenhauer nous apprend à distinguer entre l'augmentation réelle et apparente du bonheur humain ; il nous montre comment ni le fait de s'enrichir ni le fait d'acquérir des honneurs et des connaissances ne peuvent tirer l'individu du mécontentement que lui cause la non-valeur de sa vie et comment l'aspiration à ces biens n'a de sens que quand on l'éclaire par un but supérieur et universel : acquérir de la puissance pour aider la nature et corriger quelque peu ses folies et ses maladresses. Il s'agit tout d'abord d'agir pour soi-même, mais par soi-même, enfin, pour la collectivité. C'est là, à vrai dire, une tendance qui ne peut aboutir qu'à une profonde résignation, car que peut-on améliorer encore dans l'individu et dans la généralité ? Si nous appliquons ces paroles à Schopenhauer, nous touchons au troisième danger, le plus particulier celui-là, au milieu duquel il vivait et qui se tenait caché dans l'édifice même de son être. Tout homme trouve en lui-même une limitation, aussi bien de ses dons que de sa volonté morale, qui le remplit de désirs et de mélancolie ; de même que le sentiment de son péché le fait aspirer à la sainteté ; en tant qu'être intellectuel il porte en lui l'appétit profond du génie. C'est ici que nous touchons à la racine véritable de toute culture et si j'entends par là le désir de l'homme de renaître génie ou saint, je sais qu'on n'a pas besoin d'être bouddhiste pour comprendre ce mythe. Partout où nous trouvons ces dons intellectuels sans ce désir, dans les milieux savants aussi bien que parmi les gens qui se prétendent cultivés, ils n'éveillent chez nous que de la répugnance ou du dégoût ; car nous nous doutons que de pareils hommes, avec tout leur esprit, ne développent point, mais entravent tout au contraire toute culture qui serait en train de naître, de même que la création du génie qui est le but de toute culture. Il y a là un état d'endurcissement qui équivaut, par sa valeur, à cette vertu fière d'elle-même, habituelle et froide, qui est ce qu'il y a de plus éloigné et qui éloigne le plus de la sainteté véritable. La nature de Schopenhauer était double. Condition singulière et particulièrement dangereuse ! Peu de penseurs ont ressenti, dans une pareille mesure et avec une certitude incomparable, que le génie habitait en eux. Le génie de Schopenhauer lui permettait ce qu'il y a de plus haut et qu'il n'y aurait pas de sillon plus profond que celui que le soc de sa charrue graverait dans le sol de la nouvelle humanité. C'est ainsi qu'une moitié de son être, rassasiée et pleine, restait sans désirs, certaine de sa force ; c'est ainsi qu'il accomplissait sa tâche avec grandeur et dignité, dans sa perfection victorieuse. Dans l'autre moitié de son être s'agitait un désir impétueux ; nous comprenons son désir en apprenant qu'il se détourna avec un regard douloureux du grand fondateur de la Trappe, Rancé, en s'écriant : « C'est affaire de la grâce. » Car le génie aspire profondément à la sainteté, parce que du haut de son observatoire il a vu plus loin et plus clairement que tout autre homme ; plus profondément, jusqu'à la réconciliation de l'Être et du Connaître ; plus loin jusqu'au royaume de la paix et de la négation du vouloir, au delà, jusqu'à l'autre rive dont parlent les Hindous. Mais c'est là précisément ce qu'il y a de merveilleux : combien la nature de Schopenhauer a dû être incompréhensible et indestructible, si ce désir même n'a pas pu la détruire, mais ne l'a pas non plus endurcie ! Ce que cela signifie, chacun le comprendra dans la mesure où il peut se juger lui-même ; mais dans toute sa gravité personne ne sera en mesure de le comprendre.

Plus on réfléchit aux trois dangers que je viens de décrire, plus il semblera étrange que Schopenhauer ait pu s'en défendre avec une telle vigueur et qu'il ait pu sortir de la lutte dans un tel état de santé. À vrai dire, il conserva des cicatrices et des blessures ouvertes et un état d'esprit qui paraîtra un peu trop rude et parfois trop belliqueux. Le plus grand homme même voit s'élever au-dessus de lui son propre idéal. Que Schopenhauer puisse être donné en exemple, cela est certain, malgré toutes ces cicatrices et toutes ces tares. On pourrait même dire que ce que son être avait d'imparfait et de trop humain nous rapproche précisément de lui dans le sens le plus humain, car nous voyons en lui quelqu'un qui souffre et un compagnon d'infortune, sans nous arrêter seulement à l'altière réserve du génie.

Ces trois dangers constitutionnels qui menacent Schopenhauer nous menacent tous. Chacun porte en lui une originalité productive qui est le noyau même de son être ; et s'il est conscient de cette originalité une étrange auréole se dessine autour de lui, celle de l'extraordinaire. Pour la plupart des gens, c'est là quelque chose d'insupportable, parce qu'ils sont paresseux et que toute originalité est chargée de chaînes pénibles et lourdes à porter. Il n'en faut point douter, pour l'être extraordinaire qui se charge de ces chaînes, la vie sera privée de tout ce que l'on désire durant sa jeunesse, la sévérité, la sûreté d'une carrière facile, l'honneur ; son sort, que lui offriront en cadeau ses prochains, sera l'isolement ; où qu'il vive ce sera pour lui le désert et la caverne. Qu'il prenne alors garde à ne pas se laisser asservir, à ne pas être affligé et mélancolique ! C'est pourquoi il devra s'entourer des images de bons et braves lutteurs tels que Schopenhauer en fut un. Mais le second danger qui menaça Schopenhauer n'est pas rare non plus. De-ci de-là quelqu'un est doué par la nature de perspicacité, ses pensées suivent volontiers la double voie de la dialectique ; il lui arrive alors facilement de lâcher étourdiment la bride à ses talents, au point qu'il se laisse périr en tant qu'homme et qu'il ne vit même pour ainsi dire plus qu'une vie de fantôme dans la « science pure », habitué à rechercher dans les choses le pour et le contre, il ne comprend plus rien à la vérité et qu'il lui faille vivre sans courage et sans confiance, dans la négation, le doute, la corrosion, le mécontentement, abandonné aux derniers espoirs, attendant les déceptions et affirmant qu'« un chien même ne voudrait plus vivre ainsi ! »

Le troisième danger c'est l'endurcissement, tant au point de vue moral qu'au point de vue intellectuel ; l'homme déchire le lien qui le rattachait à son idéal ; il cesse d'être fécond sur tel ou tel domaine, il renonce à se développer et, au sens de la culture, il devient nuisible ou inutile. L'originalité de son être s'est résolue en un atome indivisible et isolé, en une masse refroidie. Ainsi l'originalité aussi bien que la crainte de l'originalité peuvent faire périr quelqu'un ; il trouvera sa perte dans son moi, aussi bien que dans le renoncement au moi, dans le désir comme dans l'endurcissement. Vivre, n'est-ce pas d'une façon générale être en danger ?

En dehors de ces dangers de toute sa constitution, auxquels Schopenhauer aurait pu être exposé – quel que soit le siècle au cours duquel il ait vécu – il y a encore les dangers que son *époque* lui faisait courir. Cette distinction entre les dangers constitutionnels et les dangers de l'époque est essentielle pour comprendre ce qu'il y a de symbolique et d'éducatif dans la nature de Schopenhauer. Imaginons l'œil du philosophe posé sur l'existence : il veut en fixer à nouveau la valeur. Car ce fut toujours le travail particulier de tous les grands penseurs d'être les législateurs pour la mesure, la monnaie et le poids des choses. Que d'obstacles se dressent en face de lui, quand l'humanité qu'il aperçoit devant ses yeux est un fruit flétri et rongé des vers ! Combien il lui faut ajouter à la valeur médiocre du temps présent, pour pouvoir rendre justice à l'existence dans sa totalité ! S'il est utile d'étudier l'histoire des peuples anciens et étrangers, cette étude est particulièrement précieuse pour le philosophe qui veut formuler un jugement équitable sur l'ensemble des destinées humaines sans se contenter de l'humanité moyenne, voulant connaître les plus hautes destinées réservées aux individus et aux peuples tout entiers. Or, tout ce qui appartient au présent est indiscret, l'œil s'en voit influencé et déterminé, lors même que le philosophe ne le veut point ; involontairement, sans une appréciation d'ensemble, on le taxe trop haut. C'est pourquoi le philosophe doit évaluer son temps, en le différenciant exactement des autres époques, surmontant à part lui le présent même dans l'image que celui-ci donne de la vie ; et, dans ce cas, surmonter le présent c'est le rendre imperceptible, le masquer en quelque sorte sous d'autres couleurs. C'est là une tâche difficile, presque impossible à résoudre.

Le jugement des anciens philosophes grecs sur la valeur de l'existence a une toute autre signification qu'un jugement moderne, parce que ces philosophes voyaient devant et autour d'eux la vie elle-même dans sa pleine perfection, et parce que chez eux le sentiment du penseur n'était pas troublé comme chez nous par l'antinomie entre le désir de liberté, de beauté, de majesté de la vie et l'instinct de vérité qui se pose cette question : « Que vaut au juste la vie ? » Pour tous les temps, il importe de savoir ce qu'Empédocle a affirmé au sujet de la vie, alors que la joie de vivre, vigoureuse et exubérante, animait la culture grecque. Son jugement est d'un poids d'autant plus considérable qu'il n'est contredit par aucun jugement contraire d'aucun grand philosophe de la même grande époque. C'est lui qui parle avec le plus de précision, mais, au fond, si l'on sait ouvrir les oreilles, ils disent tous la même chose. Un penseur moderne, je l'ai déjà dit, souffrira toujours d'un désir non réalisé, il exigera qu'on lui montre de nouveau de la vie, de la vie vraie, rouge et saine, pour qu'il formule ensuite son jugement sur elle. Pour lui, du moins, il estimera qu'il est nécessaire qu'il soit un homme vivant avant d'avoir le droit de croire qu'il peut être un juge équitable. Voilà pourquoi ce sont précisément les nouveaux philosophes qui font partie des plus puissants accélérateurs de la vie ; voilà pourquoi ils aspirent à s'évader de leur propre époque affaiblie, vers une nouvelle culture, vers une nature transfigurée. Mais chez eux cette aspiration est aussi un *danger*. En eux combat le réformateur de la vie et le philosophe, c'est-à-dire le juge de la vie. De quelque côté que penche la victoire ce sera toujours une victoire accompagnée de pertes. Comment donc Schopenhauer a-t-il échappé à ce dernier danger ?

Si tout grand homme doit avant tout être considéré comme l'enfant authentique de son temps et souffre certainement de toutes ses infirmités d'une façon plus intense et plus sensible que tous les hommes moindres, la lutte d'un pareil grand homme *contre* son temps n'est en apparence qu'une lutte insensée et destructive contre lui-même. En apparence seulement, car en combattant son temps il combat ce qui l'empêche d'être grand, c'est-à-dire libre et complètement lui-même. Il s'ensuit que son inimitié est au fond dirigée précisément contre ce qui n'est pas lui-même, bien qu'il en soit lui-même affligé, c'est-à-dire contre l'impur mélange et l'impur côte-à-côte de choses qui ne sauraient se mêler et se confondre, contre la soudure artificielle de l'actuel et de l'inactuel. En fin de compte, le prétendu enfant de l'époque apparaît seulement comme un enfant utérin de celle-ci. Ainsi Schopenhauer, dès sa plus tendre jeunesse, s'éleva contre cette mère indigne, fausse et vaniteuse qu'est notre époque, et, en l'expulsant en quelque sorte de lui-même, il purifia et guérit son être et se retrouva lui-même dans toute la santé et la pureté qui lui appartenaient. C'est pourquoi les écrits de Schopenhauer doivent être utilisés comme des miroirs du temps et cela ne tient certainement pas à un défaut du miroir si tout ce qui est actuel y apparaît comme déformé par la maladie, amaigri et pâle, avec les yeux caves et la mine fatiguée, expression visible des souffrances de cette hérédité mauvaise.

Chez Schopenhauer, le désir d'une nature vigoureuse, d'une humanité saine et simple n'était que le désir de se retrouver lui-même ; et sitôt qu'il eut vaincu en lui l'esprit du temps, il découvrit nécessairement aussi le génie qui cuvait en son âme. Le secret de son être lui fut alors révélé, le dessein de lui cacher ce génie qu'avait cette marâtre, notre temps, fut mis à néant. L'empire de la nature transfigurée était découvert ! Dès lors, quand il tournait son regard intrépide vers la question : « Que vaut la vie ? » il n'avait plus à condamner une époque confuse et affadie, une existence obscure et hypocrite. Il savait bien qu'on peut trouver et atteindre sur cette terre quelque chose de plus altier et de plus pur qu'une existence aussi actuelle et que ce serait pour chacun faire injustice à la vie que de ne la connaître et évaluer que d'après la laideur de cet aspect. Non, le génie seul est invoqué maintenant, afin de savoir s'il peut justifier le fruit suprême de la vie, peut-être la vie elle-même. L'homme magnifique et créateur doit répondre à ces questions : « Peux-tu justifier du fond du cœur cette existence ? Te suffit-elle ? Veux-tu être son avocat, son sauveur ? Une seule affirmation véridique de ta bouche libérera la vie sur laquelle pèse une si lourde accusation. » Que répondras-tu ? – Tu donneras la réponse d'Empédocle.

4.

Que cette dernière indication demeure provisoirement incomprise, cela est de peu d'importance. Pour moi, il s'agit maintenant de quelque chose de très simple, d'expliquer comment nous tous nous sommes à même de faire notre éducation, *contre* ce temps, en nous servant de l'intermédiaire de Schopenhauer, parce que nous avons l'avantage de *connaître* véritablement notre temps par son entremise. Est-ce là véritablement un avantage ? ce qui est certain, c'est que, dans quelques siècles, cette connaissance ne sera plus possible. Je me divertis à l'idée que bientôt l'humanité sera dégoûtée de la lecture aussi bien que des écrivains, qu'un jour le savant se mettra à réfléchir, fera son testament et ordonnera que son corps soit brûlé au milieu de ses livres, surtout des siens. Et si les forêts devenaient de plus en plus rares, ne serait-il pas temps de traiter les bibliothèques comme des matières combustibles, comme du bois, de la paille ou de la broussaille. La plupart des livres ne sont-ils pas nés des vapeurs et des fumées qui sortent du cerveau, qu'ils redeviennent donc vapeurs et fumées. Et ; s'il n'y avait pas feu en eux, que le feu les punisse ! Il serait, par conséquent, possible que, pour un siècle à venir, notre époque soit précisément considérée comme *sœculum obscurum*, parce que ses produits ont servi avec le plus d'empressement et le plus longtemps à se chauffer. Comme nous sommes donc heureux de pouvoir connaître encore ce temps ! Car, s'il y a un intérêt quelconque à s'occuper de son temps, il est heureux qu'on puisse le faire d'une façon aussi consciencieuse que possible, de telle sorte qu'on ne conservera aucun doute à son sujet. Et c'est précisément le cas de Schopenhauer.

Certes, le bonheur serait infiniment plus grand si cet examen pouvait aboutir à la constatation qu'il n'a jamais rien existé de plus fin et de plus riche en espérance que notre époque. Or, il y a actuellement, dans un coin quelconque du monde, par exemple en Allemagne, des gens naïfs qui se préparent à croire quelque chose de semblable, qui vont même jusqu'à affirmer sérieusement que, depuis quelques années, le monde a été amélioré et que celui qui élève, au sujet de l'existence, de sérieuses et sombres objections se voit démenti par les « faits ». Car il en est ainsi selon eux : la fondation du nouvel, empire allemand est le coup le plus décisif et le plus écrasant contre toute philosophie « pessimiste ». Ils l'affirment et n'en veulent point démordre.

Or, celui qui se pose la question de savoir quel est, dans notre temps, le rôle du philosophe en tant qu'éducateur, doit s'expliquer au sujet de cette opinion très répandue, en particulier dans les universités, et il le fera de la façon suivante. C'est une honte de voir qu'une flatterie aussi répugnante et aussi servile puisse être exprimée et répétée par des hommes qui se prétendent intelligents et honorables. Et c'est en outre une preuve que l'on ne se doute même plus combien le sérieux de la philosophie est éloigné du sérieux d'un journal. De pareils hommes ont perdu non seulement ce qui leur restait de sentiments philosophiques, mais encore de sentiments religieux. Ils ont remplacé tout cela, non peut-être par l'optimisme, mais par le journalisme, par l'esprit du jour et le manque d'esprit des feuilles quotidiennes. Toute philosophie qui croit qu'un événement politique peut déplacer ou même résoudre le problème de l'existence est une philosophie de plaisanteries, une philosophie de mauvais aloi. Depuis que le monde existe on a souvent fondé des États ; c'est là une vieille histoire ! Comment une innovation politique devrait-elle suffire pour faire, une fois pour toutes, des hommes de joyeux habitants de la terre ? Si quelqu'un croit, cependant, de tout son cœur que cela est possible, qu'il se présente, car il mérite vraiment d'être nommé professeur de philosophie à une université allemande, comme Harms à Berlin, Jürgen Meyer à Bonn et Carrière à Munich.

Mais ici nous apercevons la conséquence de cette doctrine, prêchée récemment encore sur les toits, et qui consiste à affirmer que l'État est le but suprême de l'humanité et que, pour l'homme, il n'est pas de but supérieur à celui de servir l'État ; ce en quoi je ne reconnais pas un retour au paganisme, mais à la sottise. Il se peut qu'un pareil homme, qui voit dans le service de l'État son devoir suprême, ne sache véritablement pas quels sont les devoirs suprêmes. Cela n'empêche pas qu'il y ait encore de l'autre côté des hommes et des devoirs, et l'un de ces devoirs qui, pour moi du moins, apparaît comme supérieur au service de l'État, incite à détruire la sottise sous toutes ses formes, même sous la forme qu'elle prend ici. C'est pourquoi je m'occupe à l'heure présente d'une espèce d'homme dont la téléologie conduit un peu plus haut que le bien d'un État, avec les philosophes et avec ceux-là seulement par rapport à un domaine assez indépendant du bien de l'État, celui de la culture. Parmi les nombreux anneaux qui, passés les uns à travers les autres, forment l'humaine chose publique, les uns sont en or, les autres en tombac.

Or, comment le philosophe regarde-t-il la culture de notre temps ? À vrai dire, sous un tout autre aspect que ces professeurs de philosophie qui se réjouissent de leur état. Il lui semble presque apercevoir une destruction et un arrachement complet de la culture, quand il songe à la hâte générale, à l'accélération de ce mouvement de chute, à l'impossibilité de toute vie contemplative et de toute simplicité. Les eaux de la religion s'écoulent et laissent derrière elles des marécages ou des étangs ; les nations se séparent de nouveau, se combattent les unes les autres et demandent à s'entre-déchirer. Les sciences, pratiquées sans aucune mesure et dans le plus aveugle laisser-faire s'éparpillent et dissolvent toute conviction solide ; les classes et les sociétés cultivées sont entraînées dans une grandiose et méprisante exploitation financière. Jamais le monde n'a été davantage le monde, jamais il n'a été plus pauvre en amour et en dons précieux. Les professions savantes ne sont plus que des phares et des asiles, au milieu de toute cette inquiétude frivole ; leurs représentants deviennent eux-mêmes chaque jour plus inquiets, ayant chaque jour moins de pensées, moins d'amour. Tout se met au service de la barbarie qui vient, l'art actuel et la science actuelle ne font pas exception ! L'homme cultivé est dégénéré au point qu'il est devenu le pire ennemi de la culture, car il veut nier la maladie générale et il est un obstacle pour les médecins. Ils se mettent en colère, les pauvres bougres affaiblis, lorsque l'on parle de leurs faiblesses et que l'on combat leur dangereux esprit mensonger. Ils voudraient faire croire qu'ils ont remporté le prix sur tous les siècles et leurs démarches sont animées d'une joie factice. Leurs façons de simuler le bonheur a parfois quelque chose de saisissant, parce que leur bonheur est tout à fait incompréhensible. On ne voudrait pas même leur demander, comme, fit Tannhœuser en s'adressant à Biterolf : « Qu'as-tu donc absorbé, malheureux ? » Car hélas ! nous le savons mieux que personne. Il y a sur nous l'oppression d'un jour d'hiver, nous habitons le voisinage d'une haute montagne, notre vie est pleine de dangers et de privations. Toute joie est brève et pâle tout rayon de soleil qui glisse sur nous du sommet glacé. Soudain une musique retentit. C'est un vieillard qui joue de l'orgue de barbarie et les danseurs tournent en rond… Le voyageur est ému de ce spectacle : tout est si sauvage, si formé, si incolore, si désespéré et c'est là dedans que retentit un air joyeux, d'une joie bruyante et irréfléchie ! Mais déjà les brumes du soir prématuré jettent leur ombre ; les sons se perdent, les pas du voyageur crissent sur la route ; si loin qu'il peut voir, il n'aperçoit rien que la face déserte et cruelle de la nature.

Pourtant, si l'on risque d'être accusé de partialité quand on ne relève que la faiblesse du dessin et le manque de coloris dans l'image de la vie moderne, le second aspect n'a cependant rien de plus réjouissant et n'apparaît que sous une forme d'autant plus inquiétante.

Il existe certaines forces, des forces formidables, mais sauvages et primesautières, des forces tout à fait impitoyables. On les observe avec une attente inquiète, du même œil qu'on eut à regarder la chaudière d'une cuisine infernale : à tout moment des bouillonnements et des explosions peuvent se produire, annonçant de terribles cataclysmes. Depuis un siècle nous sommes préparés à des commotions fondamentales. Si, dans ces derniers temps, on tente d'opposer, à ce penchant profondément moderne de renverser ou de faire sauter la force constitutive de ce que l'on appelle l'État national, celui-ci n'en constitue pas moins, et pour longtemps, une augmentation du péril universel et de la menace qui pèse sur nos têtes. Nous ne nous laissons pas induire en erreur par le fait que les individus se comportent comme s'ils ne savaient rien de toutes ces préoccupations. Leur inquiétude montre combien ils sont bien informés ; ils pensent à eux-mêmes avec une hâte et un exclusivisme qui ne se sont jamais rencontrés jusqu'à présent ; ils construisent et ils plantent pour eux seuls et pour un seul jour ; la chasse au bonheur n'est jamais si grande que quand elle doit être faite aujourd'hui et demain ; car après-demain déjà la chasse sera peut-être fermée. Nous vivons à l'époque des atomes et du chaos atomique.

Au moyen âge, les forces adverses étaient à peu près contenues par l'Église et elles s'assimilaient en une certaine mesure les unes aux autres par la forte pression qu'exerçait l'Église. Lorsque le lien se déchire et que la pression diminue, les unes se dressent contre les autres. La Réforme décréta que certaines choses étaient *adiaphora*, appartenant à des domaines qui ne devaient pas être déterminés par la pensée religieuse ; c'est à ce prix qu'elles eurent le droit de vivre elles-mêmes. De même le christianisme, opposé à l'antiquité beaucoup plus religieuse, maintient son existence à un prix semblable. Depuis cette époque la séparation s'accentua toujours davantage. Aujourd'hui presque tout ce qui existe sur terre n'est déterminé que par les forces les plus grossières et les plus malignes, par l'égoïsme de ceux qui acquièrent et par la tyrannie militaire. L'État, entre les mains de cette tyrannie, de même que l'égoïsme de ceux qui possèdent, fait un effort pour tout organiser à nouveau, par ses propres moyens, de façon à servir de lien et de contrainte pour toutes les forces adverses. Ce qui équivaut à dire que l'État souhaite que les hommes professent pour lui le même culte idolâtre qu'ils avaient voué à l'Église. Avec quel succès ? Nous finirons par nous en apercevoir. En tous les cas, nous nous trouvons encore aujourd'hui dans le fleuve du moyen âge, un fleuve qui charrie des glaces. Le dégel l'a mis en mouvement et sa puissance ravage tout sur son passage. Les glaçons s'entre-choquent et s'accumulent ; tous les rivages sont inondés et d'un accès dangereux. Il est tout à fait impossible d'éviter la révolution, la révolution des atomes. Mais quels sont les éléments indivisibles les plus petits de la société humaine ?

Sans aucun doute, à l'approche de semblables périodes, l'humanité se trouve plus encore en danger qu'au moment où se produit l'effondrement et le tourbillon chaotique ; et l'attente angoissée et l'exploitation avide de chaque minute suscitent toutes les lâchetés et tous les instincts égoïstes de l'âme, tandis que la détresse véritable et, en particulier, la généralité d'une grande détresse rendent les hommes meilleurs et leur prêtent une âme plus généreuse. À ces époques de péril, qui donc prêtera à la nature humaine, au trésor sacré et intangible que les générations successives ont peu à peu amassé, qui donc prêtera ses offices de gardien et de chevalier servant ? Qui donc dressera l'*image* de l'*homme*, tandis que tous ne sentent au fond d'eux-mêmes que le ver de l'égoïsme et la peur cynique, s'étant détournés de cette image pour retomber dans l'animalité ou dans un rigide mécanisme ?

Il y a trois images de l'homme que notre temps moderne a dressées successivement et dont le spectacle enlèvera encore longtemps aux mortels toute velléité de glorifier leur propre vie : celle de l'homme de Rousseau, celle de l'homme de Goethe et enfin celle de l'homme de Schopenhauer. De ces trois images la première a le plus de feu et elle est certaine de l'effet le plus populaire. La seconde n'est faite que pour le petit nombre, pour ceux qui sont des natures contemplatives de grand style ; la foule méconnaît généralement cette image. La troisième exige que ce soient les hommes les plus actifs qui la contemplent. Eux seuls le feront sans dommage, car elle décourage les natures contemplatives et effarouche la foule.

De la première, une force est partie qui poussa aux révolutions impétueuses et y pousse encore ; car dans tous les frémissements socialistes et tous les tremblements de terre, c'est toujours l'homme de Rousseau qui se remue comme le vieux Typhon sous l'Etna. Opprimé et à moitié écrasé par des castes orgueilleuses et par des fortunes sans pitié, corrompu par des prêtres et une mauvaise éducation, ayant tout devant soi-même à cause de ses mœurs ridicules, l'homme, dans sa misère, en appelle à la « sainte nature » et il s'aperçoit soudain qu'elle est aussi éloignée de lui que n'importe quel dieu. Ses prières ne l'atteignent par tant il est enfoncé dans le chaos de l'anti-naturel. Il rejette avec mépris les parures multicolores qui, il y a peu de temps encore, lui paraissaient précisément être son humanité, ses arts et ses sciences, les avantages d'une vie raffinée ; il frappe des poings contre les murs, à l'ombre desquels il a à ce point dégénéré ; il en appelle à la lumière, au soleil, à la forêt, au rocher. Et lorsqu'il s'écrie : « La nature seule est bonne, seul l'homme naturel est humain », c'est qu'il se méprise lui-même et qu'il aspire à se dépasser. Dans de semblables conditions, l'âme est prête aux décisions les plus terribles, mais aussi à appeler de ses propres profondeurs ce qu'il y a de plus noble et de plus rare.

L'homme de Goethe n'est pas une puissance aussi menaçante ; il est même, dans une certaine mesure, un correctif et un calmant pour cette dangereuse excitation à laquelle se trouve abandonné l'homme de Rousseau. Goethe lui-même, avec tout son cœur aimant, avait été attaché durant sa jeunesse à l'évangile de la nature bienfaisante. Son *Faust* était l'image la plus élevée et la plus audacieuse de l'homme à la Rousseau, du moins dans la mesure où l'avidité de vivre, l'inquiétude et le désir de cet homme, son commerce avec les démons du cœur pouvaient être représentés poétiquement. Mais que l'on observe donc ce qui peut sortir de tous ces nuages accumulés ! Ce ne sera certainement pas l'éclair de la foudre ! Et ici se révèle précisément la nouvelle image de l'homme, de l'homme selon la formule de Gœthe. On pourrait croire que Faust, à travers une vie partout menacée, serait conduit, en révolté insatiable et en libérateur, force négatrice par bonté, génie le plus essentiel du bouleversement religieux et démoniaque, en quelque sorte à l'opposé de son compagnon si profondément anti-démoniaque, bien qu'il ne pût se débarrasser de ce compagnon et qu'il dût à la fois utiliser et mépriser sa méchanceté sceptique et sa négation – car tel est le sort tragique de tout révolté et de tout libérateur. Mais on se trompe si l'on s'attend à quelque chose de semblable. L'homme de Gœthe évite ici la rencontre de l'homme de Rousseau, car il déteste toute ce qui est violent, tout ce qui fait des bonds, mais cela veut dire qu'il déteste toute action. Et ainsi, Faust, rédempteur du monde, de vient en quelque sorte seulement un voyageur à travers le monde. Tous les domaines de la vie et de la nature, tous les passés, tous les arts, toutes les mythologies, toutes les sciences voient passer devant eux en hâte l'insatiable contemplateur ; les désirs les plus profonds sont éveillés et calmés aussitôt ; Hélène elle-même ne le retient pas plus longtemps ; et alors le moment arrive immanquablement que guette son ironique compagnon. En un point quelconque de la terre, le vol s'arrête, les ailés s'abaissent et Méphistophélès est là, prêt à intervenir. Quand l'Allemand cesse d'être Faust il n'y a pas de danger plus proche que de le voir devenir philistin et de s'abandonner au diable. Seules des puissances divines peuvent le sauver de cette éventualité.

L'homme de Goethe est, comme je l'ai dit, l'homme contemplatif de grand style, qui ne se consume pas sur la terre seulement parce qu'il amasse tout ce qui a jamais été grand et mémorable, tout ce qui a jamais été et qui est encore pour en faire sa nourriture et qui vit ainsi, bien que ce ne soit là qu'une vie qui va de désir en désir. Il n'est point l'homme actif. Tout au contraire : quand, en un point ou en un autre, il s'introduit dans l'activité générale, on peut être convaincu qu'il n'en sortira rien de bien et avant tout qu'aucun « ordre établi » ne sera renversé. Ce fut par exemple le cas quand Gœthe fit preuve d'une si vive ardeur pour les choses du théâtre. L'homme à la manière de Goethe est une force conservatrice et conciliante, mais il court le danger de dégénérer au point de tomber au philistin, de même que l'homme de Rousseau peut facilement devenir un anarchiste. Un peu plus de force musculaire et de sauvagerie naturelle chez le premier et toutes ses vertus auraient plus d'ampleur. Il semble bien que Goethe n'ignorait pas en quoi consiste le danger et la faiblesse de l'homme qu'il préconisait. Du moins l'indique-t-il dans les paroles que Jarno adresse à Wilhelm Meister : « Vous êtes mécontent et d'humeur chagrine ; c'est fort bien ainsi. Quand vous vous fâcherez une fois sérieusement, ce sera mieux encore. »

Donc, à parler franc, il est nécessaire que nous nous fâchions une fois pour bon, pour que les choses tournent mieux. Et à cela l'image de l'homme de Schopenhauer doit nous encourager. *L'homme de Schopenhauer prend sur lui la souffrance volontaire de la véracité*, et cette souffrance lui sert à tuer sa volonté personnelle et à préparer cette complète transformation, ce renversement de son être, dont la réalisation est le sens véritable de la vie. Cette expression de la vérité apparaît aux autres hommes comme une explosion de la méchanceté, car ils considèrent que la conservation de leurs imperfections et de leurs faiblesses est un devoir d'humanité et ils estiment qu'il faut être méchant pour leur gâter ainsi leur jeu. Ils sont tentés de s'écrier, comme fit Faust, en s'adressant à Méphistophélès :

« C'est ainsi que tu opposes à la force toujours en mouvement, à la force créatrice et bienfaisante, la froide main du diable. » Et celui qui voudrait vivre à la façon de Schopenhauer ressemblerait probablement plutôt à un Méphistophélès qu'à un Faust, mais seulement aux yeux des êtres faibles et modernes qui voient toujours dans la négation le signe du mal.

Mais il y a une façon de nier et de détruire qui est précisément l'expression de ce puissant désir de sanctification et de délivrance, dont le premier imitateur philosophique, Schopenhauer, se présenta parmi nous autres hommes profanateurs et véritablement frivoles. Toute existence qui peut être niée mérite aussi de l'être ; être véridique, cela équivaut à croire en une existence qui ne saurait absolument être niée et qui est elle-même vraie et sans mensonge. C'est pourquoi l'homme véridique prête à son activité un sens métaphysique, un sens qui peut être expliqué par les lois d'une autre vie supérieure, profondément affirmatif, quoi qu'il fasse pour apparaître comme le destructeur et le briseur des lois de cette existence. Tout ce qu'il fera deviendra nécessairement une longue souffrance, mais il sait ce que savait déjà Maître Eckhard : « L'animal le plus rapide qui vous porte à la perfection est la souffrance. » Il me semble que chacun de ceux qui s'imaginent une pareille direction de vie doit sentir son âme s'élargir et qu'en lui doit naître un désir ardent de devenir un homme comme l'a conçu Schopenhauer, un homme qui, pour lui et son bien personnel, serait pur et d'une singulière résignation, dont la connaissance serait pénétrée d'un feu ardent et destructeur, loin de la neutralité méprisable de de ce que l'on appelle l'homme scientifique, qui se sentirait planer bien au-dessus du dénigrement chagrin et morose, s'offrant toujours le premier en sacrifice à la vérité reconnue, mais restant convaincu, au fond de sa conscience, du sentiment que des souffrances seules pourront naître de sa véracité. Certes, par sa bravoure, il anéantit son bonheur sur cette terre ; il lui faut s'opposer même aux hommes qu'il aime, aux institutions dont il est sorti ; il lui faut être en état de guerre, ne ménager ni les hommes ni les choses, bien qu'il souffre lui aussi des blessures qui leur sont faites ; il sera méconnu et passera longtemps pour l'allié des puissances qu'il exècre ; malgré sa soif de justice et quoiqu'il mette à son jugement une mesure humaine, il devra être injuste. Mais il pourra s'encourager et se consoler avec les paroles dont se servit un jour Schopenhauer, son grand éducateur :

« Une vie heureuse est impossible. Le but suprême que l'homme peut atteindre est une *carrière héroïque*. Celui-là l'accomplit qui, de n'importe quelle façon et dans n'importe quelle circonstance, lutte avec les plus grandes difficultés pour ce qui peut, de quelque façon que ce soit, profiter à tous et qui finalement remporte la victoire, sans être autrement récompensé, ou en l'étant mal. Alors il finira par demeurer pétrifié, mais comme le prince dans le *Re corvo* de Gozzi, en une attitude noble et avec des gestes héroïques. Son souvenir demeure et sera célébré comme celui d'un héros ; sa volonté, mortifiée durant toute sa vie par la peine et le travail, la mauvaise fortune et l'ingratitude du monde, s'éteint dans le nirvana. »

Une pareille carrière héroïque, sans oublier les mortifications qu'elle comporte, ne correspond pas, à vrai dire, aux conceptions médiocres de ceux qui lui consacrent le plus d'éloquence, qui célèbrent des fêtes en mémoire des grands hommes et qui s'imaginent que le grand homme est grand comme ils sont petits, par grâce spéciale, pour leur propre plaisir, ou par le moyen d'un mécanisme spécial dans une obéissance aveugle à une contrainte intérieure, de telle sorte que celui qui n'a pas reçu le don ou qui ne sent pas la contrainte possède le même droit à être petit que l'autre à être grand. Mais être gratifié ou contraint, voilà des paroles méprisables par quoi l'on s'efforce d'échapper à un avertissement intérieur, voilà des injures à l'adresse de chacun de ceux qui ont écouté ces avertissements, donc à l'adresse du grand homme. Le grand homme est précisément de ceux qui se laissent le moins gratifier et contraindre. Il sait aussi bien que le petit homme comment on peut prendre la vie par son côté facile et combien est molle la couche où il pourrait s'étendre, s'il s'avisait de traiter son prochain avec gentillesse et banalité. Toutes les règles de l'humanité ne sont-elles pas faites de telle sorte que les atteintes de la vie, par une perpétuelle distraction des pensées, ne puissent être *senties* ? Pourquoi veut-il exactement le contraire, avec une telle force de sa volonté, veut-il précisément sentir la vie, ce qui équivaut à souffrir de la vie ? Parce qu'il s'aperçoit qu'on veut le duper au sujet de lui-même et qu'il existe une sorte d'entente qui consiste à le faire sortir de sa propre caverne. Alors il se rebiffe, il dresse l'oreille et il décide : « Je veux continuer à m'appartenir à moi-même ! » C'est là une décision terrible et il ne s'en rend compte que peu à peu. Car maintenant il lui faut plonger dans les profondeurs de l'existence, ayant sur les lèvres une série de questions insolites : Pourquoi est-ce que je vis ? Quelle leçon doit me donner la vie ? Comment suis-je devenu ce que je suis et pourquoi cette condition me fait-elle souffrir ? Il se tourmente et il s'aperçoit que personne ne se tourmente ainsi, qu'au contraire les mains de ses semblables se tendent passionnément vers les fantasmagories qui se jouent sur le théâtre politique, que ses semblables se pavanent sous cent masques différents, jeunes gens, hommes ou vieillards, pères, citoyens, prêtres, fonctionnaires, commerçants, tous occupés avec ardeur à jouer leur propre comédie et ne songeant nullement à s'observer eux-mêmes. Si on leur posait la question : « Pourquoi vis-tu ? » tous répondraient avec fierté : « Pour *devenir* un bon citoyen, un savant ou un homme d'État. » Et pourtant ils *sont* quelque chose qui jamais né pourrait devenir quelque chose de différent. Pourquoi sont-ils précisément *cela* ? Pourquoi cela et non point quelque chose de meilleur ?

Celui qui ne comprend sa vie que comme un point dans l'évolution d'une race, d'un État ou d'une science et qui par conséquent veut entièrement se subordonner au développement d'une matière déterminée, à l'histoire dont il fait partie, n'a pas compris la tâche que lui impose l'existence et il lui faudra l'apprendre une autre fois. Cet éternel devenir est un guignol mensonger qui fait que l'homme s'oublie lui-même, c'est le divertissement qui disperse l'individu à tous les vents, c'est la joie sans fin de la badauderie que ce grand enfant qu'est notre temps joue devant nous et avec nous. L'héroïsme de la véracité consiste précisément en ceci que l'on cesse un jour d'être son jouet. Dans le devenir tout est creux, trompeur et plat, tout est digne de notre mépris. L'énigme que doit deviner l'homme, il ne peut la deviner que dans l'être, dans le conditionné, dans l'impérissable. Dès lors, il commencera à examiner combien profondément il se rattache au devenir, combien profondément il se rattache à l'être. Une tâche formidable se dressera devant son âme : détruire tout ce qui est dans son devenir, mettre au jour tout ce qu'il y a d'erroné dans les choses.

Lui aussi veut tout connaître, mais il le veut autrement que l'homme de Goethe, non pas en faveur d'une noble mollesse, pour se conserver et se divertir de la multiplicité des choses. Au contraire, il sera lui-même le premier sacrifice qu'il apportera. L'homme héroïque méprise son bien-être et son mal-être, ses vertus et ses vices, il dédaigne de mesurer les choses à sa propre mesure ; il n'espère plus rien de lui-même et de toutes choses, il veut voir le fond sans espérance. Sa force réside en l'oubli de soi et, s'il pense à lui-même, il mesure l'espace qui le sépare de son but élevé et il lui semble voir derrière lui et autour de lui un amas chétif de scories.

Les penseurs anciens cherchaient de toute leur force le bonheur et la vérité ; et jamais personne ne doit trouver ce qu'il doit chercher, dit un mauvais principe de la nature. Mais celui qui cherche le mensonge en toutes choses et qui volontairement se joint au malheur, celui-là se prépare peut-être un autre miracle de déception : quelque chose d'inexprimable s'approche de lui, quelque chose dont le bonheur et la vérité ne sont que des copies idolâtres, la terre perd sa pesanteur, les événements et les puissances du monde prennent l'aspect d'un songe, il y a autour de lui comme la transfiguration d'un soir d'été. Celui qui sait voir est dans la situation d'un homme qui s'éveille et qui voit encore flotter autour de lui les nuées d'un rêve. Celles-là aussi finiront par se disperser. Alors ce sera le jour.

5.

Mais j'ai promis de montrer, d'après les expériences que j'ai faites, *Schopenhauer éducateur*, il ne suffit donc pas qu'avec des expressions imparfaites, je peigne cet homme idéal qui agit en Schopenhauer et autour de lui, en quelque sorte comme son idée platonicienne. Il me reste à dire ce qu'il y a de plus difficile, comment, en partant de cet idéal, on peut conquérir un nouveau cercle de devoirs, et comment on peut se mettre en communication avec un but aussi transcendant par une activité régulière, bref à démontrer encore que cet idéal est *éducateur*. Autrement on pourrait croire qu'il n'est pas autre chose qu'une conception du bonheur, une conception même enivrante, résultat de quelques rares moments, mais qui nous abandonne aussitôt pour nous livrer à un déplaisir d'autant plus profond. Ce qu'il y a de certain c'est que c'est ainsi que *commencent* nos rapports avec cet idéal, avec des contrastes soudains de lumière et d'obscurité, d'ivresse et de dégoût et qu'une expérience se renouvelle pour nous qui est vieille comme l'idéal lui-même. Mais nous ne devons pas longtemps rester à la porte, car bientôt nous en franchirons le seuil.

Il importe donc de poser une question sérieuse et précise. Est-il possible de rapprocher ce but si infiniment élevé, de façon à ce qu'il nous éduque pendant qu'il nous élève ? Il ne faut pas que la grande parole de Gœthe s'accomplisse à nos dépens. Goethe a dit : « L'homme est né pour une condition limitée ; il est capable de comprendre des desseins simples, proches et déterminés ; mais, dès qu'il trouve de l'espace en face de lui, il ne sait plus ce qu'il veut et ce qu'il doit et il est tout à fait indifférent qu'il soit distrait par la quantité des objets ou qu'il soit mis hors de lui par l'élévation et la dignité de ceux-ci. C'est toujours un malheur pour lui d'être poussé à aspirer à quelque chose qui est incompatible avec une activité personnelle et régulière. »

On peut employer ces arguments avec une certaine apparence de justesse, précisément contre l'homme de Schopenhauer. Sa dignité et son élévation ne peuvent que nous mettre hors de nous-mêmes et par là nous éloignent de nouveau de toute communauté avec ceux qui agissent. Le lien qui unit les devoirs, le courant de la vie disparaissent. Peut-être l'un ou l'autre s'habituera-t-il à s'éloigner de mauvaise grâce et à vivre suivant une double direction, ce qui veut dire qu'il sera en contradiction avec lui-même, qu'il hésitera ça et là, ce qui le rendra tous les jours plus faible et plus stérile. Un autre renoncera peut-être par principe à agir encore et à peine voudra-t-il encore être spectateur, quand d'autres agissent. Il y a toujours danger, lorsque l'on rend la tâche trop difficile pour l'homme et lorsqu'il n'est pas capable de *remplir* des devoirs ; les natures les plus fortes peuvent être ainsi détruites, les plus faibles, qui sont les plus nombreuses, tombent dans une paresse contemplative et leur paresse finit par leur faire perdre le goût de la contemplation.

En face de pareilles objections je ne veux concéder qu'une seule chose. Notre tâche ne fait que commencer ici et d'après ma propre expérience je ne vois et ne sais qu'une seule chose, qu'il est possible, en partant de cette image idéale, de nous charger d'une chaîne de devoirs qui sont à notre portée, et quelques-uns d'entre nous sentent déjà le poids de cette chaîne. Mais, pour pouvoir exprimer délibérément la formule, par quoi je voudrais résumer ce nouvel ordre de devoirs, il faut que je présente tout d'abord les considérations préalables qui vont suivre.

Les hommes d'esprit plus profond ont, de tous temps, eu pitié des animaux, précisément parce qu'ils souffrent de la vie et parce qu'ils n'ont pas la force de tourner contre eux-mêmes l'aiguillon de la vie et de donner à leur existence une signification métaphysique ; on est toujours profondément révolté de voir souffrir sans raison. C'est pourquoi, en un endroit de la terre, naquit la supposition que les âmes des hommes chargés de fautes seraient passées sur les corps de ces animaux et que la souffrance sans raison, révoltante à première vue, prendrait, devant la justice éternelle, le sens, la signification de punition et d'expiation. C'est, à vrai dire, une lourde punition de vivre ainsi sous une forme animale, avec la faim et les désirs, et de ne pouvoir se rendre compte de ce que signifie cette vie. L'on ne saurait imaginer sort plus douloureux que celui de la bête fauve, chassée à travers le désert par le supplice qui la ronge, rarement satisfaite, alors que l'assouvissement devient une souffrance dans la lutte meurtrière avec d'autres animaux, ou dans l'asservissement et les envies répugnantes. Tenir à la vie aveuglément et follement, sans attendre une récompense, sans savoir que l'on est puni et pourquoi l'on est ainsi puni, mais aspirer précisément à cette punition comme à un bonheur, avec toute la bêtise d'un épouvantable désir, – c'est là ce qui s'appelle être animal, et si toute la nature se presse autour de l'homme, elle donne par là à entendre qu'il lui est nécessaire pour qu'elle puisse se racheter de la malédiction qu'est la vie animale et qu'enfin, par l'homme, l'existence se met en face d'un miroir au fond duquel la vie n'apparaît plus sans signification, mais prend toute son importante métaphysique. Mais qu'on y réfléchisse bien : où cesse l'animal, où commence l'homme ? Où commence cet homme qui seul importe à la nature ? Aussi longtemps que quelqu'un aspire à la vie comme il aspire à un bonheur, il n'a pas encore élevé le regard au-dessus de l'horizon animal, si ce n'est qu'il veut avec plus de conscience ce que l'animal cherche aveuglément. Mais il en est ainsi de nous, durant la plus grande partie de la vie : nous ne sortons généralement pas de l'animalité, nous sommes nous-mêmes les animaux dont la souffrance semble être sans signification.

Il y a cependant des moments *où nous comprenons tout cela*. Alors les images se déchirent et nous nous apercevons qu'avec toute la nature nous nous pressons autour de l'homme comme autour de quelque chose qui s'élève bien au-dessus de nous. Dans cette clarté soudaine, nous regardons en frissonnant autour de nous et derrière nous et nous voyons courir les fauves raffinés et nous sommes au milieu d'eux. La prodigieuse mobilité des hommes sur le vaste désert de la terre ; leur hâte à fonder des villes et des États, à faire la guerre, à se réunir sans cesse pour de nouveau se séparer ; leur tendance s'imiter les uns les autres, à se duper et à se fouler aux pieds ; leurs cris dans la détresse et leurs hurlements de joie dans la victoire – tout cela n'est qu'une continuation de l'animalité. Il en est comme si l'homme était soumis intentionnellement à un phénomène de régression et frustré de ses dispositions métaphysiques, comme si la nature, après avoir longtemps aspiré à créer l'homme, s'était soudain reculée de lui avec effroi et qu'elle ait préféré retourner à l'inconscient de l'instinct. Elle avait besoin de suivre la vie de la connaissance et elle a peur de la connaissance qu'il lui eût fallu. C'est pourquoi la flamme vacille, inquiète, comme si elle était effrayée devant elle-même et elle saisit mille choses avant de saisir ce pour quoi la nature a précisément besoin de la connaissance. Nous nous en apercevons tous dans certains moments, où nous ne faisons les plus longs préparatifs de notre vie que pour finir nos tâches véritables ; où nous voudrions cacher notre tête n'importe où, pourvu que notre conscience aux cent yeux ne puisse nous saisir ; où nous abandonnons notre cœur en hâte à l'État, au gain lucratif, à la société, à la science, simplement pour que ce cœur ne soit plus en notre possession ; où nous nous abandonnons nous-mêmes aveuglément à la dure tâche quotidienne plus qu'il ne serait nécessaire pour nous – et tout cela parce qu'il nous semble plus indispensable encore de ne pas reprendre conscience de nous-mêmes.

La hâte est générale, parce que chacun est en fuite devant lui-même, générale aussi la farouche pudeur que l'on met à cacher cette hâte, parce que l'on voudrait paraître satisfait et dérober sa misère au spectateur perspicace, et général enfin le besoin de nouveaux mots sonores dont il convient d'affubler la vie pour lui prêter un air de bruit et de fête. Chacun connaît l'état d'âme singulier qui s'empare de nous quand soudain des souvenirs désagréables s'imposent à nous et que nous nous efforçons, par des gestes violents et des paroles bruyantes à les agiter. Mais les gestes et les paroles de la vie quotidienne laissent deviner que nous nous trouvons tous et toujours dans une condition semblable, par crainte du souvenir et des pensées intimes. Qu'est-ce donc qui s'empare si souvent de nous, quelle mouche nous a piqués et nous empêche de dormir ? Des fantômes s'agitent autour de nous, chaque instant de la vie veut nous dire quelque chose, mais nous ne voulons pas écouter celte voix surnaturelle. Quand nous sommes seuls et silencieux, nous craignons qu'on nous murmure quelque chose à l'oreille et c'est pourquoi nous détestons le silence, pourquoi nous nous étourdissons en société. Tout cela, nous le comprenons seulement de-ci de-là et nous nous étonnons grandement de la peur et de la hâte vertigineuse, et de l'état de songe où se déroule notre vie et qui, semblant craindre de s'éveiller, rêve avec d'autant plus de vivacité et d'inquiétude que l'éveil est proche. Mais nous sentons en même temps que nous sommes trop faibles pour supporter longtemps ces moments de profond recueillement, et nous sentons que ce n'est pas nous qui sommes les êtres vers lesquels toute la nature se sent pressée pour obtenir sa délivrance. C'est beaucoup déjà que nous puissions nous hausser un peu et redresser la tête pour nous rendre compte que nous sommes profondément enfoncés dans le fleuve. Et, pour cela encore, notre propre force ne suffit pas. Si nous émergeons à la surface, si nous nous éveillons pour un court moment, c'est parce que nous avons été soutenus et élevés. Quels sont ceux qui nous élèvent ?

Ce sont ces *hommes* véridiques, ces hommes qui se séparent du règne animal, *les philosophes, les artistes, les saints*. À leur apparition, et par leur apparition, la nature, qui ne saute jamais, fait son bond unique, et c'est un bond de joie, car elle sent que pour la première fois elle est arrivée au but, c'est-à-dire là où elle comprend qu'il lui faut désapprendre d'avoir des buts et qu'en jouant avec la vie et le devenir elle avait eu affaire à trop forte partie. Cette connaissance la fait s'illuminer et une douce lassitude du soir – ce que les hommes appellent « beauté » – repose sur son visage. Maintenant, par son air transfiguré, elle veut exprimer le grand *éclaircissement* sur le sens de l'univers ; et ce que les hommes peuvent désirer de plus haut, c'est de participer sans cesse, en ayant l'oreille aux aguets, à cet éclaircissement. Si quelqu'un songe à ce que Schopenhauer, par exemple, a dû *entendre* au cours de sa vie, il se dira probablement après coup : « Mes oreilles qui n'entendent pas, mon cerveau vide, ma raison hésitante, mon cœur rétréci, tout ce qui est à moi, hélas, comme je méprise tout cela ! Ne pas savoir voler, mais seulement voleter ! Voir plus haut que soi-même et ne pas pouvoir monter jusque-là ! Connaître le chemin qui mène à cet immense point de vue du philosophe, s'y être déjà engagé, et retourner en arrière après quelques pas ! Et si le plus ardent de tous les vœux ne se réalisait qu'un seul jour, combien volontiers on donnerait en échange tout le reste de sa vie ! Monter aussi haut que jamais personne n'est monté, dans l'air pur des Alpes et des glaces, là où il n'y a plus ni brouillards ni nuages, où l'essence même des choses s'exprime d'une façon dure et rigide, mais avec une précision inévitable ! Il suffit de songer à tout cela pour que l'âme devienne solitaire et infinie ! Si son désir s'accomplissait, si le regard tombait sur les choses, droit et lumineux, si la honte, la crainte et le désir s'évanouissaient, quels termes faudrait-il trouver pour dénommer un pareil état d'âme, pour qualifier cette émotion, nouvelle et énigmatique, sans agitation, cette émotion qui rendrait son âme pareille à celle de Schopenhauer, étendue sur les prodigieux hiéroglyphes de l'existence, sur la doctrine pétrifiée du devenir, non point comme la nuit est étendue, mais pareille à la lumière rouge et ardente qui rayonne sur la vie ? Et quel serait, en outre, le sort de celui qui irait assez avant dans la divination de la destinée particulière et du bonheur singulier du philosophe pour éprouver toute l'incertitude et tout le malheur, tout le désir sans espoir de celui qui n'est pas philosophe ! Savoir que l'on est le fruit de l'arbre qui, parce qu'il reste dans l'ombre, ne mûrira jamais, et voir devant soi, tout proche, le rayon de soleil qui vous fait défaut ! »

Ces réflexions pourraient être une telle source de souffrances que celui qui s'y livrerait deviendrait aussitôt envieux et méchant, s'il lui était possible de le devenir, mais il est fort probable qu'il finira par retourner son âme pour qu'elle ne se consume pas en vains désirs. Ce sera alors, pour lui, le moment de *découvrir* un nouveau cercle de devoirs.

J'en arrive ici à répondre à cette question : Est-il possible d'entrer en communication avec l'idéal supérieur de l'homme tel que l'a conçu Schopenhauer par une activité personnelle et régulière ? Mais, avant tout, ceci est établi : les devoirs nouveaux ne sont pas les devoirs d'un solitaire ; en les accomplissant on appartient, bien au contraire, à une puissante communauté dont les membres, bien qu'ils ne soient pas liés par des formes et des lois extérieures, se retrouvent cependant dans une même idée fondamentale. Cette idée fondamentale est la *culture*, en tant qu'elle place chacun de nous devant une seule tâche : *accélérer la venue du philosophe, de l'artiste et du saint, en nous-mêmes et en dehors de nous, de façon à travailler de la sorte à l'accomplissement de la nature.* Car, de même que la nature a besoin du philosophe, l'artiste lui est nécessaire, et ceci dans un but métaphysique, pour l'éclairer sur elle-même, pour que lui soit enfin opposé, sous une forme pure et définitive, ce que, dans te désordre de son devenir, elle ne voit jamais clairement – donc pour que la nature prenne conscience d'elle-même. C'est Goethe qui, dans une parole orgueilleuse et profonde, fit entendre que toutes les tentations de la nature ne valent qu'en tant que l'artiste devine ses balbutiements, qu'il va au-devant de la nature et exprime le sens de ces tentatives. « Je l'ai souvent dit, s'écrie-t-il une fois, et le répéterai souvent encore, la cause finale des luttes du monde et des hommes, c'est l'œuvre dramatique. Car autrement ces choses ne pourraient absolument servir à rien. » – Et enfin la nature a besoin du saint, du saint dont le moi s'est entièrement fondu, dont la vie de souffrance a presque perdu, ou même tout à fait perdu son sens individuel, pour se confondre, dans un même sentiment, avec tout ce qui est vivant ; du saint qui subit ce miracle de transformation, qui n'est jamais le jouet des hasards du devenir, cette dernière et définitive humanisation, où pousse sans cesse la nature pour se délivrer d'elle-même. Il est certain que nous tous nous avons des liens et des affinités qui nous attachent au saint, tout comme une parenté d'esprit nous unit à l'artiste et au philosophe. Il y a des moments et en quelque sorte des étincelles du feu le plus vif et le plus aimant à la clarté desquels nous ne comprenons plus le mot « moi » ; il y a au delà de notre être quelque chose qui, en de pareils moments, passe de notre côté, et c'est pourquoi, du fond de notre cœur, nous désirons qu'il soit construit des ponts entre ici et là-bas.

Il est vrai que, dans notre état d'esprit habituel, nous ne pouvons contribuer en rien à la création de l'homme rédempteur, c'est pourquoi nous nous haïssons nous-mêmes lorsque nous sommes dans cet état d'une haine qui est la source de ce pessimisme que Schopenhauer dut enseigner de nouveau à notre époque, mais qui existe depuis qu'il existe un désir de culture. La source de ce pessimisme, mais non point son épanouissement ; son assise inférieure en quelque sorte, non pas son faîte ; son point de départ, non point son aboutissement, car, un jour, il nous faudra apprendre à détester quelque chose d'autre et de plus général, non point seulement notre individu et sa misérable limitation, ses vicissitudes et son âme inquiète, le jour où nous nous trouverons dans cette condition supérieure où nous aimerons aussi autre chose que ce que nous pouvons aimer maintenant.

C'est seulement quand, à l'âge actuel ou dans un âge futur, nous avons admis dans cette communauté supérieure des philosophes, des artistes et des saints, que notre amour et notre haine se verront également assigner un but nouveau. D'ici là, nous avons notre tâche et notre cercle de devoirs, notre haine et notre amour. Car nous savons ce que c'est que la culture. Elle exige, pour appliquer le principe de l'homme conçu par Schopenhauer, que nous préparions, que nous accélérions la création d'hommes semblables, en apprenant à connaître et en faisant disparaître ce qui est une entrave à la venue de ces hommes, bref, que nous luttions infatigablement contre tout ce qui nous a empêchés de réaliser la forme supérieure de notre existence en ne nous permettant pas de devenir nous-mêmes ces hommes tels que les avait conçus Schopenhauer.

6.

Il est parfois plus facile de convenir d'une chose que de la comprendre. La plupart de ceux qui réfléchiront à la parole suivante seront dans ce cas : « L'humanité doit travailler sans cesse à engendrer quelques grands hommes… cela et nulle autre chose doit être sa tâche. » Combien volontiers voudrait-on appliquer à la société et à son but un enseignement que l'on peut tirer de l'étude de toutes les espèces du monde animal et végétal. On constatera alors que seuls importent quelques exemplaires supérieurs, où seul ce qui est extraordinaire, puissant, compliqué et terrible joue un rôle ; on le ferait volontiers, si les préjugés que l'on tient de l'éducation n'y opposaient la plus vive résistance. Il est en somme facile de comprendre que le but de l'évolution se trouve réalisé quand une espèce a atteint sa limite extrême et qu'elle a réalisé le type intermédiaire qui conduit à une espèce supérieure, et non point lorsque l'espèce présente un nombre considérable d'exemplaires pareils et que ces exemplaires jouissent du plus grand bien-être ou même qu'ils sont les derniers venus dans la même catégorie. Ce but semble être réalisé tout au contraire par les existences qui paraissent dispersées au hasard et qui rencontrent çà et là des conditions favorables à leur développement. On devrait comprendre tout aussi aisément que l'humanité, étant capable d'arriver à la conscience de son but, a le devoir de rechercher et d'établir ces conditions favorables, nécessaires à la création de grands hommes rédempteurs. Mais voilà que l'on soulève je ne sais trop quelles objections : on prétend que le but final doit être dans le bonheur de tous ou du plus grand nombre, qu'il faut le chercher dans l'épanouissement des grandes communautés, et si quelqu'un se décide en hâte à sacrifier sa vie au service d'un État, il y mettrait beaucoup plus de façons et il y réfléchirait à deux fois si ce sacrifice était réclamé non pas par un État, mais par un individu. Il paraît absurde qu'un homme puisse exister à cause d'un autre homme. Qu'il existe au contraire pour tous les autres, ou du moins pour le plus grand nombre possible ! Voilà ce que l'on exige ! Mais, brave homme que tu es, serait-il donc moins absurde de laisser décider le nombre quand il s'agit de mérite et de valeur ? Car la question se pose ainsi : Comment ta vie, la vie de l'individu, atteint-elle sa valeur la plus haute, sa signification la plus profonde ? Comment faire pour la gaspiller le moins possible ? Cela ne peut être qu'en vivant au profit des exemplaires les plus rares et les plus précieux, non point au profit du plus grand nombre, c'est-à-dire, individuellement, des exemplaires les plus précieux. Il faut précisément implanter et cultiver dans l'âme du jeune homme ce sentiment qu'il est lui-même en quelque sorte une œuvre masquée de la nature, mais qu'il est en même temps le témoignage des intentions les plus hautes et les plus merveilleuses de cette artiste. Elle n'a pas atteint son but, devra-t-il se dire, mais je veux honorer sa haute intention en me mettant à son service, de façon à ce que, un jour, elle réussisse mieux.

Avec ce dessein il se place dans le domaine de la culture, car celle-ci est, pour chacun, l'enfant de la connaissance de soi et du sentiment de l'insuffisance individuelle. Chacun de ceux qui se déclarent son partisan déclare par là : « Je vois au-dessus de moi quelque chose de supérieur et de plus humain que moi-même ; aidez-moi tous pour que je parvienne à l'atteindre, de même que je veux aider tous ceux qui témoignent comme moi et qui souffrent du même mal que moi, pour qu'enfin puisse naître de nouveau l'homme qui se sent complet et infini, dans la connaissance et dans l'amour, dans la contemplation et dans le pouvoir, l'homme qui, dans sa totalité, tient à la nature, juge et évaluateur des choses. » Il est difficile de placer quelqu'un dans cette condition d'intrépide connaissance de soi-même, parce qu'il est impossible d'enseigner l'amour. L'amour seul permet à l'âme de se juger elle-même avec un regard lucide, analyseur et méprisant et l'anime du désir de voir plus loin qu'elle-même, pour s'enquérir, de toutes ses forces, d'un moi supérieur, qui se tient encore caché quelque part. Donc, celui-là seul qui s'est attaché de tout cœur à un grand homme, quel qu'il soit, reçoit par là *la première consécration de la culture*. Les signes qui la font reconnaître sont l'humilité sans dépit, la haine que l'on a de sa propre étroitesse et de son manque d'élan, la compassion avec le génie qui sut s'arracher toujours à nouveau de notre atmosphère lourde et sèche, la divination de tous ceux qui se développent et qui luttent et, enfin, la conviction de rencontrer presque partout la nature dans sa détresse, la nature qui tente de s'approcher de l'homme, qui s'aperçoit avec douleur que l'œuvre est encore manquée, bien qu'elle puisse enregistrer des réussites partielles, des traits, des esquisses de l'œuvre parfaite. Il en est alors des hommes au milieu desquels nous vivons comme d'une accumulation d'ébauches artistiques et précieuses, où tout nous invite à mettre la main à la pâte, à terminer, à assembler ce qui doit être réuni, à compléter ce qui aspire à la perfection.

J'ai appelé « la première consécration de la culture » cette somme de conditions intérieures. Il me faut maintenant peindre l'effet de la *seconde* consécration et je sais fort bien qu'ici ma tâche est plus difficile, car il convient de faire le passage entre le fait intime et l'appréciation du fait extérieur ; le regard doit se porter au loin pour retrouver, dans l'agitation du vaste monde, ce désir de culture tel qu'il le connaît d'après ces premières expériences. L'individu doit utiliser ses désirs et ses aspirations comme un *chiffre* qui lui permet de lire dès lors les aspirations des hommes. Mais, là encore, il ne faut pas qu'il s'arrête. De ce degré il devra s'élever au degré supérieur. La culture n'exige pas seulement de lui ces expériences personnelles, non seulement l'appréciation du monde extérieur qui l'entoure, mais encore et principalement un acte déterminé, à savoir, la lutte pour la culture et la guerre à toutes les influences, toutes les habitudes, toutes les lois, toutes les institutions dans les quelles il ne reconnaît pas son but, la production du génie.

Celui là donc qui est capable de se placer sur le second degré est frappé tout d'abord de voir combien *ce but* échappe généralement à la sphère de la connaissance, combien, par contre, la préoccupation de la culture est universelle et combien sont énormes les forces que l'on emploie à son service. On se demande avec étonnement si une pareille connaissance est indispensable. La nature n'atteindrait-elle pas son but, lors même que le plus grand nombre saurait mal déterminer la raison de ses propres préoccupations ? Celui qui s'est habitué à croire beaucoup en la finalité inconsciente de la nature n'aura pas de peine à répondre : « Il en est ainsi ! Laissez les hommes dire et penser ce qu'ils veulent de leur but final, ils ont conscience qu'une obscure poussée les mène sur le droit chemin. »

Pour pouvoir soulever ici des objections, il faut avoir vécu quelque peu ; mais celui qui est véritablement convaincu que c'est le but de la culture d'accélérer la venue des grands hommes et que la culture ne saurait avoir d'autre but, et qui compare maintenant, celui-là s'apercevra que la formation d'un pareil homme, malgré tout l'étalage et la pompe de la culture, ne se distingue pas beaucoup d'une cruauté persistante, telle qu'on l'inflige aux animaux. Il jugera alors qu'il est nécessaire que « l'obscure poussée » soit enfin remplacée par une volonté constante. Un autre argument se présentera encore à son esprit : il ne faut plus qu'il soit possible que cet instinct, inconscient de son but, cette obscure poussée tant vantée, soient utilisés à des fins toutes différentes et conduits sur des chemins où ce but supérieur, la création du génie, ne pourra jamais être atteint. Il existe, hélas ! une sorte de culture profanée et asservie ! Pour s'en apercevoir, il suffit de regarder autour de soi. Ce sont précisément les forces qui prétendent aujourd'hui accélérer la culture de la façon la plus active qui sont animées d'arrière-pensées et dont l'activité en faveur de la culture n'est ni pure ni désintéressée.

Voici tout d'abord l'*égoïsme des acquéreurs*, qui a besoin de se servir de la culture et qui, par gratitude, lui vient en aide, mais qui voudrait également lui prescrire son but et ses limites. C'est de ce côté-là que vient le théorème et le sorite qui disent à peu près ceci : Autant de connaissance et de culture que possible, pour cela autant de besoins que possible, pour cela autant de production que possible, pour cela autant de gain et de bonheur que possible. Telle est la formule séductrice. Les adhérents de la culture définiraient celle-ci : l'intelligence que l'on mettrait à accommoder ses besoins et leur satisfaction à l'époque actuelle, en disposant, en même temps, des meilleurs moyens pour gagner de l'argent aussi facilement que possible. Former autant d'hommes que possible qui circuleraient à peu près comme une monnaie a cours, c'est à cela qu'ils viseraient, et, d'après cette conception, un peuple serait d'autant plus heureux qu'il posséderait beaucoup de ces hommes qui circuleraient comme argent courant. C'est pourquoi les établissements pédagogiques modernes se proposeraient de développer chacun de leurs élèves selon sa valeur, à devenir *courant*, à l'éduquer de telle sorte qu'il puisse bénéficier, selon la mesure de sa compétence et de son savoir, de la plus grande somme de bonheur et d'avantages. On exige ici que l'individu, appuyé sur une pareille culture générale, soit capable de se taxer exactement lui-même de façon à savoir ce qu'il doit exiger de la vie. Et, en fin de compte, on affirme qu'il existe une union naturelle et nécessaire « de l'intelligence et de la propriété », « de la richesse et de la culture », mieux encore, que cette union est une nécessité *morale*. Toute culture paraît répréhensible qui rend solitaire, qui impose des buts plus élevés que l'argent et le profit, qui use de beaucoup de temps. On a l'habitude de calomnier ces façons plus sérieuses de cultiver l'esprit en le traitant d'« égoïsme raffiné » ou d'« épicurisme immoral ». Il est vrai que pour se conformer ici à la mode courante, on prise précisément le contraire, à savoir une culture rapide qui mène à devenir bientôt un être qui gagne de l'argent et que cette culture soit juste assez profonde pour que cet être puisse gagner beaucoup d'argent. On ne permet à l'homme qu'autant de culture qu'il en est besoin dans l'intérêt du profit général et des usages du monde, mais on l'exige aussi de lui. On dit, en résumé, que l'homme a un droit indispensable au bonheur sur la terre, c'est pourquoi la culture lui est nécessaire, mais à cause de cela seulement !

Voici, en second lieu, l'*égoïsme de l'État*, car l'État exige également une généralisation et un développement aussi considérables que possible de la culture et il tient entre les mains les instruments les plus efficaces pour satisfaire ses désirs. En admettant qu'il se sache assez fort pour pouvoir non seulement enlever les entraves mais encore pour imposer son joug à temps, en admettant que son fondement soit assez large pour pouvoir supporter tout l'édifice de la culture, c'est lui qui, dans la lutte avec les autres États, bénéficiera toujours lui-même de la vulgarisation de la culture parmi ses citoyens. Partout où l'on parle maintenant « d'États civilisés » on impose la tâche de développer les facultés intellectuelles d'une génération, au point que ces facultés servent et soient utiles aux institutions établies, mais on n'admet pas que ce développement aille plus loin. Il en est comme d'un ruisseau de montagne, détourné partiellement de son cours par des digues et des barrages, pour que sa force motrice serve à faire tourner un moulin, tandis que si son courant impétueux était utilisé tout entier, il deviendrait plutôt dangereux qu'utile pour le moulin. Le déchaînement apparent des forces se présente ainsi plutôt comme une contrainte. Qu'on se rappelle plutôt ce qu'est devenu le christianisme au cours des temps et sous la domination égoïste de l'État. Le christianisme est certainement la révélation la plus pure de ce besoin de culture et de la création toujours renouvelée des saints. Mais, comme il a été utilisé de cent façons pour faire tourner les moulins des pouvoirs publics, il s'est peu à peu corrompu jusqu'à la moelle, il est devenu hypocrite et mensonger et il a dégénéré jusqu'à être en contradiction avec son but primitif. Sa dernière aventure, la Réforme allemande, n'aurait eu que la durée d'un feu de paille, si elle n'avait puisé une nouvelle force et de nouvelles ardeurs dans la lutte et les incendies des États.

Voici, en troisième lieu, la culture qu'encouragent tous ceux qui se savent *laids* ou *ennuyeux* et qui voudraient se tromper sur eux-mêmes par ce qu'ils appellent les « *belles formes* ». Avec un vernis extérieur, avec des paroles, des attitudes, des ornements, de l'apparat, des bonnes manières, le spectateur doit être dupé sur le *contenu*, car il est admis que l'on juge généralement l'intérieur d'après l'extérieur. Il me semble parfois que les hommes modernes s'inspirent réciproquement un ennui démesuré et qu'ils finissent par juger nécessaire de se rendre intéressants au moyen de tous les arts. Les voilà qui se font servir, eux-mêmes, par leurs artistes comme des mets succulents et épicés ; les voilà qui versent sur leur propre personne tous les arômes d'Orient et d'Occident, et certes ! ils prennent alors une odeur très intéressante, ils sentent tout l'Orient et tout l'Occident. Les voilà qui s'arrangent à satisfaire à tous les goûts et chacun doit être servi, soit qu'il ait envie de bonnes ou de mauvaises odeurs, qu'il goûte l'alambiqué ou les grossièretés paysannes, le grec ou le chinois, les tragédies ou les malpropretés dramatiques. Les plus célébrées cuisiniers de ces hommes modernes qui veulent être à tout prix intéressés et intéressants se trouvent, comme on sait, parmi les Français, les plus mauvais parmi les Allemands. Ceci est en somme plus consolant pour les premiers que pour les dernier », et nous n'en voudrons nullement aux Français s'ils se moquent de nous précisément à cause de notre manque d'intérêt et d'élégance et si, chez certains Allemands, le besoin de distinction et de manières leur rappelle les Indiens, qui demandent qu'on leur mette un anneau dans le nez et qui poussent des cris pour être tatoués.

Et ici rien ne me retient de me laisser aller à une digression. Depuis la dernière guerre avec la France bien des choses ont changé et se sont déplacées en Allemagne et il apparaît clairement que l'on a aussi rapporté de là-bas quelques nouveaux vœux qui concernent la culture allemande. Cette guerre fut pour bien, des gens le premier voyage dans la partie élégante du monde. De quel magnifique désintéressement ferait preuve le vainqueur s'il ne dédaignait pas d'apprendre un peu de culture chez le vaincu ! C'est en particulier sur le domaine de l'art appliqué que l'on voudrait sans cesse rivaliser avec le voisin cultivé. L'installation de la maison allemande doit ressembler à celle de la maison française. La langue allemande elle-même, par l'entremise d'une académie fondée sur le modèle français, doit s'attribuer le « bon goût » et se débarrasser de influence néfaste que Goethe a exercée sur elle. C'est du moins ce qu'a affirmé récemment l'académicien berlinois Dubois-Reymond. Nos théâtres ont depuis longtemps aspiré, tranquillement et honnêtement, au même but. On a même inventé le savant allemand qui serait élégant ! Il fallait donc s'attendre à voir écarté tout ce qui jusqu'à présent ne semblait pas se soumettre à cette loi de l'élégance, la musique, la tragédie et la philosophie allemandes.

Mais, vraiment, il n'y aurait pas de quoi remuer le petit doigt en faveur de la culture allemande, si l'Allemand, sous le nom de culture, qui lui fait encore défaut et qu'il devrait acquérir maintenant, n'entendait que les artifices et les agréments qui enjolivent la vie, y compris l'ingéniosité des maîtres de danse et des tapissiers, s'il ne devait s'appliquer, dans son langage, qu'aux règles académiques et à une certaine civilité générale. La dernière guerre et le contact personnel avec les Français ne semblent pourtant pas avoir suscité d'aspirations plus hautes et je soupçonne souvent l'Allemand de vouloir se dérober au devoir ancien que lui imposent ses dons merveilleux et la singulière profondeur, le sérieux de sa nature. Il aimerait beaucoup mieux s'amuser à faire le singe, apprendre des manières et des tours qui rendraient sa vie plus divertissante. On ne saurait faire une injure plus grave à l'esprit allemand qu'en le traitant comme s'il était de cire, malléable au point que l'on pourrait un jour, par un simple modelage, lui donner de l'élégance. Et s'il était malheureusement vrai qu'un grand nombre d'Allemands se sentiraient disposés à se laisser ainsi modeler et redresser, il faudrait répéter sans cessé, jusqu'à ce que l'on finisse par l'entendre : « Elle n'habite plus du tout en vous, cette vieille façon allemande, qui, bien qu'elle soit dure, âpre et pleine de résistance, est pourtant la matière la plus précieuse, celle que seuls les grands sculpteurs peuvent utiliser, parce que seule elle est digne d'eux. Ce que vous avez en vous est, par contre, une matière molle et pâteuse. Faites-en ce que vous voulez, pétrissez d'élégantes poupées et des idoles intéressantes, le mot de Richard Wagner demeurera toujours vrai : « L'Allemand est anguleux et gauche lorsqu'il veut affecter de bonnes manières, mais il apparaît sublime et supérieur à tous quand on le met au feu. » Les élégants ont toutes les raisons de se mettre en garde contre ce feu allemand, car il pourrait les délivrer un jour, eux, leurs poupées et leurs idoles de cire.

On pourrait, à vrai dire, trouver encore une autre origine, une origine plus profonde, à ce penchant vers les « belles formes » qui prévaut en Allemagne. Il tient à la hâte, à cet empressement essoufflé à saisir le moment, à la précipitation qui fait cueillir le fruit quand il est encore vert, à cette course et cette chasse qui met sur le visage de tous l'empreinte de la peur et qui maquille en quelque sorte tout ce qu'il peut. Comme s'ils agissaient sous l'empire d'une boisson qui ne les laisse plus respirer librement, ils continuent, dans leur choquante insouciance, à être les esclaves tourmentés des trois M, le moment, le milieu et la mode. Leur manque de dignité et de pudeur saute alors aux yeux, à tel point qu'une élégance mensongère devient nécessaire pour pouvoir masquer la maladie de la hâte sans dignité. Car, chez l'homme moderne, la mode avide des belles formes correspond à la laideur du contenu : celle-là doit cacher, celle-ci doit être cachée. Être cultivé, cela veut dire maintenant ne pas laisser voir combien on est misérable et mauvais, combien l'avidité de parvenir prend les allures de la bête fauve, combien on est insatiable dans le désir de collectionner, égoïste et sans pudeur dans le besoin de la jouissance.

Souvent, lorsque je montrais à quelqu'un l'absence de toute culture allemande, je m'entendais objecter : « Mais cette absence est toute naturelle, car les Allemands ont été jusqu'à présent trop pauvres et trop modestes. Attendez que nos compatriotes soient devenus riches et conscients d'eux-mêmes, alors ils auront aussi une culture ! » Il se peut que la foi sauve, en tous les cas cette façon de foi ne me sauve point, parce que je sens que la culture allemande à laquelle on ajoute foi ici – celle de la richesse, du vernis et de la simulation maniérée – est précisément l'antipode hostile de la culture allemande à laquelle moi j'ajoute foi. Certes, celui qui doit vivre parmi les Allemands souffre beaucoup de la grisaille si décriée de leur vie et de leurs sens, de l'absence complète du goût de la forme qui se manifeste chez eux, de leur esprit stupide et apathique, de la candeur qu'ils mettent dans les rapports délicats avec leurs semblables, plus encore de ce qu'ils ont de louche, de quelque peu dissimulé et de malpropre dans le caractère. Il est douloureusement affecté par le plaisir indéracinable qu'ils prennent à tout ce qui est faux et contrefait, à l'imitation grossière, à la traduction de ce qu'il y a de bon à l'étranger en quelque chose de national qui est mauvais. Maintenant que s'ajoute encore à tout cela comme le pire des maux l'inquiétude fiévreuse, cette fureur du succès et au gain, cette estimation trop haute des choses du moment, il est révoltant de devoir penser que toutes ces maladies et toutes ces faiblesses ne doivent par principe jamais être guéries, mais seulement et sans cesse couvertes d'un fard au moyen de cette « culture des formes intéressantes » ! Et il en est ainsi chez un peuple qui a produit Schopenhauer et Wagner, chez un peuple qui doit encore souvent produire des individualités du même genre. Ou bien nous tromperions-nous peut-être de la façon la plus désolante ? Tous deux ne devraient-ils pas nous garantir que des forces semblables aux leurs existent encore dans l'esprit allemand, dans l'âme allemande ? Seraient-ils eux-mêmes des exceptions, les derniers aboutissants et les dernières mascottes, si je puis dire, de qualités que l'on tenait autrefois pour allemandes ? Je ne sais trop que répondre ici et je reviens à mon sujet, pour reprendre mes considérations générales, dont j'ai été détourné par des doutes pleins d'inquiétudes.

Je suis loin d'avoir énuméré toutes les puissances qui encouragent peut-être la culture, sans que l'on puisse cependant discerner le but que celle-ci doit atteindre : la production du génie. Trois de ces puissances ont été nommées : l'égoïsme de ceux qui veulent acquérir des biens ; l'égoïsme de l'État ; l'égoïsme de tous ceux qui ont des raisons de dissimuler et de se cacher sous une apparence différente de ce qu'ils sont. Je mentionne en troisième lieu l'*égoïsme de la science* et la singulière attitude de ses serviteurs, les *savants*.

La science est à la sagesse ce que la vertu est à la sainteté ; elle est froide et sèche, elle est sans amour et ne sait rien d'un sentiment profond d'imperfection et d'une aspiration plus haute. Elle est tout aussi utile à elle-même qu'elle est nuisible à ses serviteurs, en ce sens qu'elle transporte sur ses serviteurs son propre caractère et que par là elle dessèche ce qu'ils peuvent avoir d'humain en eux. Tant que l'on entend par culture l'encouragement de la science, elle passe avec une froideur implacable à côté des grands hommes passionnés, car la science ne voit partout que des problèmes de la connaissance et, dans le domaine qu'elle s'est réservé, la souffrance apparaît comme quelque chose d'insolite et d'incompréhensible et devient, par conséquent, elle aussi, un problème.

Qu'on s'habitue à transformer toute expérience en un jeu de questions et de réponses dialectiques, en une simple affaire de raisonnement et l'on s'apercevra qu'au bout de fort peu de temps, avec une activité pareille, l'homme en est réduit à agiter ses os comme un squelette. Chacun sait et voit cela. Mais comment est-il alors possible que la jeunesse ne s'effraye pas du spectacle qu'offrent ces squelettes et qu'elle ne cesse de s'abandonner à la science, aveuglément, sans choix et sans mesure. Le prétendu « instinct de vérité » ne joue ici aucun rôle, car comment un instinct pourrait-il pousser à rechercher la connaissance pure, froide et sans suite ? Ce que sont, au contraire, les véritables forces actives dont sont animés les serviteurs de la science, l'esprit dépourvu de préventions ne le comprend que trop bien. Il conviendrait donc d'examiner et de disséquer une fois les savants, après qu'ils se sont eux-mêmes habitués à tâter et à décomposer audacieusement tout au monde, sans excepter ce qu'il y a de plus vénérable. Si je dois dire ce que je pense, j'affirmerai que le savant se compose d'un mélange compliqué d'impulsions et de réactions très dissemblables, il est à tous les points de vue un métal impur. On trouve chez lui, tout d'abord, une forte curiosité, qui s'accroît toujours davantage, l'aspiration aux aventures de la connaissance, la suggestion continuelle et toujours plus puissante de ce qui est nouveau et rare, une opposition à ce qui est vieux et ennuyeux. Il faut y ajouter un certain instinct de jeux et de recherches dialectiques, la joie du chasseur qui, dans le domaine de la pensée, dépiste les ruses du renard, de telle sorte que ce n'est pas la vérité que l'on cherche, mais que la recherche l'intéresse par elle-même et que le plaisir essentiel consisté à couvrir les pistes, à cerner, à réduire habilement à merci. En outre, l'instinct de la contradiction se plaît à se manifester ; la personnalité veut s'affirmer et se faire sentir envers et contre tous ; le combat devient un plaisir, la victoire individuelle un but, tandis que la lutte pour la vérité n'est plus qu'un prétexte.

On rencontre encore chez le savant, pour une bonne part, la volonté de découvrir *certaines* « vérités », et cela par soumission à l'égard de certaines personnalités puissantes, de certaines castes, opinions, églises, par soumission à l'égard de certains gouvernements, parce qu'il sent qu'il se rend utile à lui-même en mettant la « vérité » de leur côté. Le savant se distingue aussi, moins régulièrement mais encore assez souvent, par les qualités suivantes :

En premier lieu, l'honnêteté et le sens de la simplicité, vertus très appréciables quand elles sont autre chose que de la maladresse et le manque d'habitude dans la dissimulation, ce pourquoi il faut encore un certain esprit. En effet, partout où l'esprit et la souplesse frappent à première vue, il faut être quelque peu sur ses gardes et douter de la droiture de caractère. D'autre part cette honnêteté ne vaut souvent pas grand'chose et sur le domaine de la science elle est rarement féconde, vu qu'elle est affaire d'habitude et qu'elle ne dit généralement la vérité que quand il s'agit de choses simples ou indifférentes, car il y a là une certaine paresse à vouloir dire plutôt la vérité qu'à la taire. Tout ce qui est nouveau exigeant un changement de point de vue, l'honnêteté vénère, autant que cela est possible, l'opinion ancienne et elle reproche, à celui qui défend la nouveauté, son manque de jugement. La doctrine de Copernic a certainement rencontré de l'opposition parce qu'elle avait l'évidence et l'habitude contre elle. La haine de la philosophie, qui se rencontre souvent chez les savants, est avant tout une haine des syllogismes et des démonstrations artificielles. On peut même dire qu'au fond chaque génération de savants possède sans le vouloir une mesure déterminée de perspicacité permise ; tout ce qui dépasse cette mesure est mis en doute et presque considéré comme un argument à invoquer contre l'honnêteté.

En deuxième lieu, un regard pénétrant pour tout ce qui se trouve dans le proche voisinage, allié à la plus grande myopie quand il s'agit de juger ce qui est lointain et d'ordre général. Le champ visuel du savant est généralement très étroit et pour apercevoir les objets il faut qu'il s'en approche de très près. S'il veut passer d'un point qu'il vient d'étudier à un autre, il est obligé de déplacer tout son appareil visuel vers ce point. Il découpe l'image en une série de taches, comme quelqu'un qui, au théâtre, se sert d'une lorgnette pour voir la scène et dont le regard embrasse tour à tour une tête, le morceau d'un vêtement, mais sans parvenir à regarder l'ensemble. Ces taches différentes, il ne les voit jamais réunies et il se voit dans l'obligation d'inférer au lien qui les rattache, c'est pourquoi il n'a jamais de forte impression d'ensemble. Il jugera, par exemple, un écrit dont il n'est pas en état de voir l'ensemble d'après quelques morceaux, quelques phrases, quelque fautes ; il serait prématuré de prétendre que pour lui un tableau à l'huile n'est qu'un sauvage amas de pâtés.

En troisième lieu l'insipidité et la vulgarité de sa nature, qu'il montre dans ses sympathies et ses antipathies.

Doué de ces qualités, il réussit surtout dans les travaux historiques, quand il conforme les mobiles qu'il prête aux hommes du passé aux mobiles qui lui sont connus. C'est dans une taupinière qu'une taupe se retrouve le plus facilement. Il est gardé contre toutes les hypothèses, d'ordre artistique et contre toutes les licences. S'il a de la persévérance, il fouille dans les motifs du passé, car il en trouve en lui-même qui sont du même ordre. À vrai dire, pour cette raison, il est généralement incapable de comprendre et d'apprécier ce qui est rare, sublime, exceptionnel, par conséquent ce qui est seul important et essentiel.

En quatrième lieu, la pauvreté de sentiment et la sécheresse. Ces qualités prédisposent le savant à la vivisection. Il ne se doute pas des souffrances que l'entendement apporte souvent avec soi, c'est pourquoi il ne craint pas de s'aventurer sur les domaine où d'autres sentent leur cœur frémir. Il est froid, de sorte que volontiers on le tiendrait pour cruel. On pourrait aussi le croire audacieux, mais il ne l'est point, pareil au mulet qui côtoie l'abîme sans connaître le vertige.

En cinquième lieu, l'idée médiocre qu'il a de lui-même, sa modestie. Les savants, bien qu'ils soient relégués parfois dans un coin misérable, n'ont pas le sentiment du sacrifice, de l'abandon. Ils semblent parfois se rendre compte, dans leur for intérieur, qu'ils n'appartiennent pas à la gent ailée, mais à la gent rampante. Cette qualité les rend presque touchants.

En sixième lieu, la fidélité qu'ils vouent à leurs maîtres et à leurs conducteurs. À ceux-là ils voudraient aider de tout cœur et ils savent bien que c'est avec la vérité qu'ils leur aideraient le mieux. Car ils sont doués de reconnaissance, parce que c'est par la reconnaissance seule qu'ils ont pu pénétrer dans le vénérable portique de la science, où jamais leur propre effort n'eût pu leur donner accès. Celui qui sait aujourd'hui s'ériger en maître dans un domaine accessible aux esprits médiocres qui peuvent y travailler avec succès, celui-là devient un homme célèbre dans le temps le plus bref, tant est considérable le nombre de ceux qui veulent se presser autour de lui. Il est vrai que chacun de ces fidèles et de ces obligés devient aussi pour le maître une calamité, parce que, tous, ils veulent l'imiter et qu'alors ses infirmités semblent comme démesurées et exagérées, quand on les aperçoit sur des êtres aussi médiocres, alors qu'au contraire les vertus du maître sont diminuées dans la même proportion dès qu'on les retrouve chez les disciples.

En septième lieu, la routine professionnelle qui pousse le savant à suivre toujours la même voie où il a été poussé, la véracité par inadvertance, conformément à une habitude prise. De pareilles natures deviennent des collectionneurs, des commentateurs, des confectionneurs d'index et d'herbiers ; ils s'instruisent et font des recherches sur le même domaine, simplement parce qu'ils ne songent jamais qu'il existe d'autres domaines encore. Leur assiduité a quelque chose de la formidable bêtise inhérente à la pesanteur, c'est pourquoi ils arrivent souvent à abattre beaucoup de besogne.

En huitième lieu, la fuite devant l'ennui. Tandis que le véritable penseur ne désire rien autant que les loisirs, le savant ordinaire les fuit, parce qu'il ne sait qu'en faire. Sa consolation, ce sont les livres, c'est-à-dire qu'il écoute comment les autres pensent et qu'il passe ainsi tout le long du jour à s'occuper agréablement. Il choisit en particulier les livres auxquels il prend d'une façon quelconque une part personnelle, dont la lecture peut éveiller quelque peu ses sympathies et ses antipathies. Ces ouvrages auront trait à sa propre activité, à celle de sa caste, ils toucheront à ses opinions politiques et esthétiques ou seulement à ses idées grammaticales ; s'il possède lui-même une spécialité scientifique, il ne manquera pas de moyens pour tuer les mouches et dissiper son ennui.

En neuvième lieu, le mobile du gagne-pain, qui équivaut en somme aux fameux « borborygmes d'un estomac délabré ». On sert la vérité, lorsqu'elle est capable de nous conduire directement à des traitements ou à des situations plus élevées, ou du moins de nous faire acquérir les bonnes grâces de ceux qui ont à dispenser les places et les honneurs. Mais c'est *cette* vérité seule qu'on est prêt à servir, c'est pourquoi on peut tracer une limite rigoureuse entre les vérités avantageuses, servies par un grand nombre, et les vérités désavantageuses, auxquelles ne s'adonnent que quelques-uns, dont on ne peut pas dire : *ingenii largitor venter.*

En dixième lieu, l'estime des confrères, la crainte de leur mépris. Mobile plus rare, mais supérieur au précédent, que l'on rencontre encore assez fréquemment. Tous les membres de la confrérie se surveillent les uns les autres de la manière la plus jalouse, de telle façon que la vérité dont tant de choses dépendent, le pain, la position, l'honneur, soit authentiquement baptisée au nom de son inventeur. On rend rigoureusement hommage à l'autre pour la vérité qu'il a trouvée, afin qu'il vous rende la pareille si l'on se trouvait dans le cas de trouver un jour, à son tour, une vérité. La contre-vérité, l'erreur, sont dévoilées avec fracas, pour que le nombre des compétiteurs ne devienne pas trop grand. Mais parfois aussi on fait crever la vérité véritable, de façon à faire de la place pour un temps à l'erreur opiniâtre et audacieuse. Ici, pas plus qu'ailleurs, les « idiotismes moraux », que l'on appelle généralement tours de fripons, ne font défaut.

En onzième lieu, le savant par vanité, espèce déjà beaucoup plus rare. Il veut, autant que possible, posséder un domaine à lui tout seul et dans ce but il tourne son attention vers les curiosités, surtout si ces curiosités lui occasionnent des frais extraordinaires, des voyages, des fouilles, des relations nombreuses dans tous les pays. Il se contente généralement d'être, lui aussi, l'objet d'une curiosité étonnée et ne songe pas à gagner son pain par le moyen de ses savantes recherches.

En douzième lieu, le savant par passion du jeu. Son amusement consiste, à trouver des devinettes dans les sciences et à les résoudre ; il le fera sans grand effort pour ne pas perdre le sentiment qu'il agit en joueur. C'est pourquoi il évitera aussi de pénétrer dans les profondeurs, mais il lui arrivera parfois de percevoir quelque chose que le savant qui fait de la science son gagne-pain, avec son regard rampant, n'apercevra jamais.

Si, en fin de compté, j'indiquais encore, en treizième lieu, comme modèle de savant, l'instinct de justice, on pourrait m'objecter que cet instinct noble jusqu'à être métaphysique est particulièrement difficile à distinguer des autres et qu'il paraît être, pour l'œil humain, insaisissable et indéfinissable. C'est pourquoi j'ajoute cette dernière catégorie, en souhaitant que, parmi les savants, l'instinct de justice soit plus fréquent et plus agissant qu'il n'est visible. Car il suffit qu'une étincelle du foyer de justice tombe dans l'âme d'un savant pour que sa vie et son activité en soient embrasées, et purifiées, de telle sorte qu'il ne trouve plus de repos et qu'il s'échappe à tout jamais de cet état d'esprit tiède ou glacé dans lequel les savants ordinaires accomplissent leur tâche quotidienne.

Qu'on imagine maintenant tous ces éléments profondément mêlés les uns aux autres, ou quelques-uns d'entre eux seulement réunis en un alliage, et l'on saura comment se forment les serviteurs de la vérité. Il est Extrêmement curieux de constater comment, au bénéfice d'une affaire, qui est, en somme, extrahumaine et surhumaine, la connaissance pure est détachée de toute causalité, par conséquent dépourvue de passion, de constater comment une quantité de petites passions de tout ordre se trouvent fondues en une combinaison chimique et comment la *résultante* du savant parvient à se transfigurer à la lumière de cette affaire sublime et supérieure et absolument désintéressée, au point que l'on oublie complètement les mélanges et les combinaisons qui ont été nécessaires à sa protection. Il y a cependant des moments où il faut y penser et en faire souvenir, c'est quand l'importance du savant par rapport à la culture est mise en question. Car celui qui sait observer s'apercevra que le savant, conformément à sa nature, est *infécond*, ce qui est une conséquence de sa formation, et qu'il est animé d'une sorte de haine naturelle contre les hommes féconds. Ceci explique pourquoi, de tous temps, les génies et les savants se sont combattus. Les uns veulent tuer la nature, la décomposer et la comprendre, les autres entendent l'augmenter par une nouvelle nature vivante. Il en résulte, par conséquent, une opposition de sentiments et d'activités. Les époques complètement heureuses n'avaient pas besoin du savant et l'ignoraient, les époques malades et rechignées le considéraient comme l'homme le plus élevé et le plus digne et le plaçaient au premier rang.

Qui donc serait assez médecin pour pouvoir dire où en est notre temps quant à l'état de santé et quant aux maladies ? Ce qu'il y a de certain, c'est que, maintenant encore sur bien des domaines, le savant est estimé trop haut ; voilà pourquoi son influence est néfaste, surtout pour ce qui concerne le génie naissant. Le savant n'a pas de cœur pour la misère de celui-ci ; il parle de lui avec une voix sévère et froide, et trop vite il hausse les épaules lorsqu'il se trouve en présence de quelque chose d'étrange et d'absurde dont il n'a ni le temps ni l'envie de s'occuper. Lui aussi ne sait pas quel est le but de la culture.

Mais, pour parler d'une façon plus générale, à quel résultat sommes-nous arrivés par toutes ces considérations ? Nous avons acquis la conviction que, partout où la culture paraît aujourd'hui le plus fortement encouragée, on ne sait rien de ce but. Que l'État fasse valoir hautement le zèle qu'il a dépensé en faveur de la culture, il ne la favorise que pour se favoriser lui-même et ne conçoit pas qu'il y ait un but qui soit supérieur à son bien et à son existence. Ce que veulent les profiteurs en demandant sans cesse l'instruction et l'éducation, ce n'est, en fin de compte, que le profit. Quand ceux qui se réclament de la forme s'attribuent le véritable travail en faveur de la culture et s'imaginent par exemple que tout art leur appartient et se trouve au service de leurs besoins, il n'apparaît qu'une chose avec certitude, c'est qu'ils veulent s'affirmer eux-mêmes en affirmant la culture et que par conséquent, eux aussi, n'ont pas pu s'élever au-dessus du malentendu qui existe au sujet de ce problème. Je viens de parler à satiété du savant. Quel que soit donc le zèle que mettent les quatre puissances réunies à se préoccuper de la manière dont elles pourraient utiliser la culture à leur profit, elles n'en apparaissent pas moins débiles et dépourvues d'esprit dès que leur intérêt n'est pas en jeu. Voilà pourquoi les conditions nécessaires à la création du génie ne se sont pas améliorées en ces temps derniers. La répugnance qu'inspirent les hommes originaux a, tout au contraire, augmenté au point que Socrate n'aurait pas pu vivre parmi nous et qu'en tout cas, il n'aurait pas atteint l'âge de soixante-dix ans.

Je rappelle ici ce que j'ai déjà exposé dans mon troisième chapitre. Notre monde moderne n'a pas un aspect définitif et durable au point que l'on pourrait prophétiser que l'idée de culture possède, elle aussi, un caractère permanent. On peut même considérer comme probable que le millénaire qui va venir verra naître quelques nouvelles inventions, dont, pour le moment, l'énoncé ferait dresser les cheveux sur la tête de nos contemporains. La croyance en la *signification métaphysique de la culture* n'apparaîtrait pas, en fin de compte, si effrayante, mais il n'en serait pas ainsi de quelques déductions que l'on pourrait en tirer pour l'éducation et renseignement public.

À vrai dire, une dose tout à fait inusitée de réflexion serait aujourd'hui nécessaire pour s'abstraire des établissements pédagogiques actuels, en vue d'envisager des institutions absolument différentes et autrement organisées, alors que la seconde ou la troisième génération qui suivra la nôtre en apercevra déjà la nécessité, tandis que les efforts de nos éducateurs de l'enseignement supérieur actuel aboutissent à ce résultat qu'ils produisent des savants, des fonctionnaires de l'État, des négociants ou des philistins de la culture ou encore un produit composé de tous ces éléments, ces établissements dont l'invention reste encore à faire, auraient, tout au contraire, une tâche beaucoup plus difficile que d'agir contre la nature en dressant un jeune homme pour en faire un savant. La difficulté réside cependant pour l'homme en ceci qu'il lui faut désapprendre ce qu'il sait en vue de se fixer un but nouveau et il sera extrêmement difficile d'échanger contre des idées nouvelles des principes fondamentaux de notre éducation actuelle, lesquels ont leurs racines dans le moyen-âge et visent à imiter le savant médiéval comme type de l'instruction parfaite.

Maintenant déjà, il paraît opportun d'envisager ces contradictions, car il faut qu'une génération commence la lutte au cours de laquelle la génération suivante remportera la victoire. Maintenant déjà l'individu qui a compris ces nouvelles idées fondamentales de la culture se trouve devant un carrefour. S'il suit l'une des routes qu'il aperçoit, son époque le considérera comme le bienvenu, elle lui prodiguera des couronnes et des récompenses, de puissants partis le soutiendront, il aura derrière lui, aussi bien que devant lui, des hommes qui seront animés du même sentiment, et quand, le premier parlera, son mot d'ordre trouvera des échos jusqu'au dernier rang. Le premier devoir sera ici de lutter « dans le rang », le second de traiter en ennemis tous ceux qui sortiront du rang. L'autre route lui réservera la société de singuliers compagnons ; elle est plus difficile, plus tortueuse et plus aride ; ceux qui suivent la première se moquent de lui, parce qu'il ne progresse que péniblement et qu'il court souvent des dangers ; ils essayent même de l'attirer de leur côté. Quand par hasard les deux routes se croisent, il se voit maltraité, jeté à l'écart ou isolé par le vide que l'on fait autour de lui. Or, que signifie l'institution de la culture pour ces voyageurs si différents qui suivent deux routes ? La foule énorme de ceux qui, sur la première route, se pressent vers le but ne voit dans cette institution que des règles et des lois au moyen desquelles l'ordre s'introduit dans ses rangs, en vue d'une poussée en avant, des règles et des lois qui excluent de cette foule tous les récalcitrants et tous les solitaires, tous ceux qui visent à des buts encore plus élevés et plus lointains. Pour l'autre foule, plus petite, qui suit la seconde route, l'institution aurait un tout autre but à remplir ; appuyée au rempart d'une organisation solide elle veut éviter, pour son compte, d'être balayée et dispersée par d'autres flots, éviter que les individus qui la composent se flétrissent dans un précoce épuisement ou qu'ils soient même détournés de la grande tâche qu'ils se sont imposée.

Ces individus doivent achever leur œuvre. Voilà le sens de leur réunion, et tous ceux qui prennent part à l'institution doivent s'efforcer de préparer, par une épuration continuelle et une sollicitude mutuelle, en eux et autour d'eux, la naissance du génie et l'aboutissement de son œuvre. Le nombre est assez considérable de ceux qui, bien que doués médiocrement, sont appelés à cette collaboration. C'est seulement en se soumettant à une pareille détermination qu'ils éprouvent le sentiment d'accomplir un devoir et de vivre avec un but une vie pleine d'importance. Mais ce sont précisément ces talents que la voix séductrice de la « culture » à la mode détourne de leur chemin et rend étrangers à leur instinct, et cette tentation s'adresse à leurs penchants égoïstes, à leur faiblesse et à leur vanité ; l'esprit du temps leur murmure à l'oreille avec un zèle insinuant :

« Suivez-moi et n'allez pas là-bas ! Car là-bas vous n'êtes que des serviteurs, des aides, des instruments, éclipsés par des natures supérieures, sans jamais pouvoir vous réjouir de votre originalité ; on vous tire par des fils, on vous met dans des chaînes, on vous traite en esclaves et en automates. Avec moi vous jouissez en maîtres de votre libre personnalité ; vos dons peuvent que vous réjouiront certainement plus que cette approbation froide et condescendante qui vous serait accordée du haut des sommets impassibles du génie. »

Les meilleurs succomberont certainement à de pareilles séductions. En fin de compte, ce qui décide ici ce n'est pas la rareté et la puissance des dons, mais l'influence d'une certaine disposition héroïque et le degré de parenté intime et de communion avec le génie. Car il y a des hommes qui considèrent que c'est pour eux une calamité personnelle, quand ils voient le génie lutter péniblement, exposé au péril de se détruire lui-même, ou quand l'œuvre de celui-ci est écartée avec indifférence par l'égoïsme à courte vue de l'État, la platitude des acquéreurs et la sèche frugalité des savants. J'espère donc qu'il y en aura quelques-uns qui comprendront ce que je veux dire, lorsque je présente les destinées de Schopenhauer et en vue de quoi, selon mon idée, Schopenhauer éducateur doit éduquer.

7

Mais, pour écarter, une fois pour toutes, toutes les réflexions qui concernent un avenir lointain et un bouleversement possible du système d'éducation, que devrait-on souhaiter actuellement et, le cas échéant, procurer à un philosophe en voie de développement, pour lui permettre du moins de respirer et, au meilleur cas, de parvenir à l'existence certainement difficile et tout au moins possible que mena Schopenhauer ? Que faudrait-il inventer, en outre, pour donner plus d'efficacité à son influence sur ses contemporains ? Et quels obstacles conviendrait-t-il d'enlever pour que, avant tout, son exemple puisse avoir son plein effet, pour que le philosophe éduque à son tour des philosophes ? C'est ici que notre *Considération* passe dans le domaine pratique et scabreux.

La nature veut toujours être d'une utilité pratique, mais, pour remplir ce but, elle ne s'entend pas toujours à trouver les voies et moyens les plus adroits. C'est là son grand chagrin et c'est ce qui la rend mélancolique. Que pour l'homme elle veuille donner à l'existence une signification et une importance, en créant le philosophe et l'artiste, c'est ce qui apparaît comme certain, étant donné son aspiration à la délivrance. Mais combien incertain, combien faible et pauvre est l'effet qu'elle atteint le plus souvent avec les philosophes et les artistes ! Combien rarement elle parvient même à obtenir un effet quelconque ! Surtout en ce qui concerne le philosophe, son embarras est grand lorsqu'elle veut donner à celui-ci une utilisation générale. Ses moyens ne semblent être que tâtonnements, idées subtiles inspirées par le hasard, de telle sorte que ses inventions se trouvent le plus souvent en défaut et que la plupart des philosophes ne peuvent être d'aucune utilité générale. Les procédés de la nature prennent l'aspect de gaspillages, mais ce n'est pas là le gaspillage d'une criminelle exubérance, c'est celui de l'inexpérience. Il faut admettre que, si la nature était un homme, elle ne parviendrait pas à se tirer du dépit qu'elle s'occasionnerait à elle-même et des malheurs qui en résultent pour elle. La nature envoie le philosophe dans l'humanité comme une flèche ; elle ne vise pas, mais elle espère que la flèche restera accrochée quelque part. Mais, ce faisant, elle se trompe une infinité de fois et elle en a du dépit. Dans le domaine de la culture, elle est aussi prodigue que quand elle plante ou quand elle sème. Elle accomplit ses desseins d'une façon grossière et lourde, ce qui l'oblige à sacrifier beaucoup trop de forces. L'artiste, d'une part, et, d'autre part, les connaisseurs et les amateurs de son art sont entre eux dans le rapport de la grosse artillerie et d'une nuée de moineaux. Seuls les simples d'esprit feront rouler une avalanche pour enlever un peu de neige ou assommeront un homme pour toucher la mouche qui est posée sur son nez. Les artistes et les philosophes sont un argument contre la finalité de la nature dans ses moyens, bien qu'ils constituent une excellente preuve pour la sagesse de ses fins. Ils ne touchent jamais que le petit nombre, alors qu'ils devraient toucher tout le monde, et la façon dont le petit nombre est touché ne répond pas à la force que mettent les philosophes et les artistes à tirer leur grosse artillerie. Il est désolant de devoir évaluer si différemment l'art en tant qu'œuvre et l'art en tant qu'effet : sa cause apparaît formidable, son effet a quelque chose de paralysé, comme s'il n'était qu'un écho affaibli. Sans doute l'artiste accomplit son œuvre selon la volonté de la nature, pour le bien des autres hommes. Pourtant il sait que personne, parmi ces autres hommes, ne comprendra et n'aimera son œuvre comme il la comprend et l'aime lui-même. Ce degré supérieur et unique dans l'amour et la compréhension est donc nécessaire, conformément à une disposition maladive de la nature, pour qu'un degré inférieur soit créé. Le plus grand et le plus noble servent de moyens pour donner naissance à ce qui est médiocre et vulgaire. C'est que la nature est mauvaise ménagère, ses dépenses étant infiniment supérieures au bénéfice qu'elle en tire, de sorte que, malgré toutes ses richesses, elle finira un jour par se ruiner. Elle se serait arrangée d'une façon bien plus raisonnable si elle s'était imposé comme règle de faire moins de dépenses et de s'assurer des revenus centuples, s'il existait par exemple moins d'artistes et que ceux-ci fussent de capacités moindres, mais, par contre, plus d'hommes réceptifs, doués d'une plus grande force d'absorption et d'une espèce plus vigoureuse que les artistes eux-mêmes. De la sorte l'effet de l'œuvre d'art, par rapport à sa cause, apparaîtrait comme un centuple retentissement. Ou bien ne devrait-on pas au moins s'attendre à ce que la cause et l'effet fussent de force égale ? Mais combien la nature répond peu à cette attente !

Il semble parfois que l'artiste, et en particulier le philosophe, ne soit qu'*un hasard* dans son époque, qu'il n'y soit entré que comme un ermite, comme un voyageur égaré et resté en arrière. Qu'on se rende donc une fois bien compte combien Schopenhauer est grand, partout et en toutes choses, et combien l'effet produit par son œuvre est, médiocre et absurde. Rien ne peut sembler plus humiliant pour un honnête homme de ce temps que de se rendre compte à quel point Schopenhauer y est une apparition fortuite et de quelles puissance, de quelles impuissances a dépendu l'échec de son action. Tout d'abord et longtemps il souffrit de l'absence de lecteurs ; et c'est là une honte durable pour notre époque littéraire ; ensuite, lorsque vinrent les lecteurs, ce fut le manque de conformité de ses premiers témoins publics ; plus encore, à ce qu'il me semble, l'incompréhension de tous les hommes modernes vis-à-vis de tous les livres, car personne à l'heure qu'il est ne veut plus prendre les livres au sérieux. Peu à peu, un nouveau danger s'est ajouté aux autres, né des tentatives multiples qui ont été faites pour adapter Schopenhauer à la débilité du temps ou pour l'ajouter comme un élément étranger, une sorte de condiment agréable que l'on mêlerait aux mets quotidiens en guise de piment métaphysique. C'est de cette façon qu'il a été connu peu à peu et qu'il est devenu célèbre et je crois qu'il y a maintenant plus de gens qui connaissent son nom que celui d'Hegel. Et, malgré cela, il est encore un solitaire, malgré cela, jusqu'à présent, il n'a pas encore exercé d'influence. Ses véritables adversaires littéraires et les aboyeurs peuvent, moins que personne, revendiquer l'honneur d'avoir entravé cette renommée, d'une part, parce qu'il y a peu d'hommes qui aient la patience de le lire et, d'autre part, parce que ceux qui ont cette patience se trouvent directement amenés à Schopenhauer. Qui donc se laisserait empêcher par un ânier de monter un beau cheval, quel que soit l'éloge que celui-ci fasse de son âne aux dépens du cheval ?

Celui donc qui a connu la déraison de la nature dans notre temps devra réfléchir aux moyens de donner ici un coup d'épaule. La tâche qu'il aura à remplir sera de faire connaîtra Schopenhauer aux esprits libres et à ceux qui souffrent profondément de notre époque, de les réunir et de créer par leur moyen un courant qui soit assez fort pour surmonter la maladresse dont la nature fait preuve généralement et dont elle témoigne de nouveau aujourd'hui, quand il s'agit d'utiliser les philosophes. De pareils hommes se rendront compte que ce sont les mêmes résistances qui empêchent une grande philosophie d'exercer son influence et qui s'opposent à la création du grand philosophe ; c'est pourquoi ils peuvent se fixer le but de préparer la recréation de Schopenhauer, c'est-à-dire du génie philosophique. Mais ce qui veut enfin rendre vain, par tous les moyens, la régénérescence du philosophe, c'est, pour le dire brièvement, la confusion d'esprit qui règne aujourd'hui dans la nature humaine. C'est pourquoi tous les grands hommes en voie de développement doivent dépenser une incroyable quantité de forces pour s'échapper de cette confusion. Le monde où ils entrent maintenant est semé d'absurdes embûches. Il ne suffit vraiment pas de parler de dogmes religieux, mais encore d'idées baroques, telles que le « progrès », la « culture générale », le sentiment « national », l'« État moderne », la « lutte pour la culture » (*Kulturkampf*). On peut même aller jusqu'à affirmer que tous les termes généraux portent maintenant un apprêt artificiel et antinaturel ; c'est pourquoi une postérité plus clairvoyante fera à notre époque le grave reproche d'avoir quelque chose de contourné et de difforme, quelle que soit la vanité bruyante que nous tirons de notre « santé ». Les vases antiques, déclare Schopenhauer, tirent leur beauté de ceci qu'ils expriment d'une façon naïve leur destination et leur emploi. Il en est de même de tous les ustensiles des anciens : on sent que si la nature produisait des vases, des amphores, des lampes, des tables, des chaises, des casques, des boucliers, des armures, elle les ferait exactement comme ils ont été faits. Tout au contraire, celui qui observe maintenant comment presque tout le monde s'occupe d'art, d'État, de religion, de culture – pour ne rien dire avec raison de nos « vases » – s'apercevra que les hommes sont en proie à une sorte d'arbitraire barbare, à une exagération de l'expression, dont souffre précisément le génie en formation lorsqu'il voit la vogue dont jouissent à son époque des notions aussi bizarres et des besoins aussi baroques. De là vient la lourdeur de plomb qui si souvent arrête sa main, d'une, façon invisible et inexplicable, lorsqu'il veut conduire la charrue, à tel point que, même ses œuvres les plus hautes, parce qu'elles se sont élevées avec violence, portent forcément, jusqu'à un certain point, l'expression de cette violence.

Si maintenant je m'applique à rassembler les conditions à l'aide desquelles, dans le cas le plus heureux, un philosophe de naissance échappe au danger d'être écrasé par les travers des esprits actuels que je viens de décrire, j'en arrive à faire une remarque singulière. Ces conditions sont précisément en partie celles qui, d'une façon générale, accompagnèrent le développement de Schopenhauer. À vrai dire, il fut aussi soumis à des conditions opposées. Sa mère, vaniteuse et bel esprit, lui fit approcher de près et d'une façon terrible ce travers de l'époque. Mais le caractère fier et librement républicain de son père le sauva en quelque sorte de sa mère et lui procura ce dont un philosophe a besoin en premier lieu : une virilité inflexible et rude. Ce père n'était ni fonctionnaire ni savant. Il fit souvent avec le jeune homme des voyages dans des pays étrangers. Autant d'avantages pour celui qui doit apprendre à connaître, non point des livres, mais des hommes, à vénérer, non point des gouvernements, mais la vérité. Il apprit à temps à ne pas être assez ou trop sensible à l'étroitesse nationale. En Angleterre, en France, en Italie, il ne vivait pas autrement que dans sa propre patrie et l'esprit espagnol lui inspirait une vive sympathie. En somme, il ne considérait pas que c'est un honneur d'être né parmi les Allemands et je ne crois pas que les nouvelles conditions politiques eussent modifié son opinion. Il estimait, comme on sait, que l'unique tâche de l'État consiste à offrir la protection au dehors, la protection à l'intérieur et la protection contre les protecteurs, et que, lorsque l'on imagine pour l'État d'autres buts que ceux de protéger, ce but véritable peut facilement se trouver compromis. C'est pourquoi, au grand scandale de ceux qui se nomment libéraux, il légua sa fortune aux descendants de ces soldats prussiens qui, en 1848, étaient tombés dans la lutte pour l'ordre. Il est probable que, dorénavant, le fait que quelqu'un considère simplement l'État et les devoirs de celui-ci, constituera de plus en plus une preuve de supériorité intellectuelle. Celui qui a en lui le *furor philosophicus* n'aura même plus le temps de s'adonner au *furor politicus* et il se gardera sagement de lire tous les jours des journaux, ou encore de se mettre au service d'un parti. Quand la patrie est véritablement en danger, il ne faudra néanmoins pas hésiter un instant à faire son devoir. Tous les États sont mal organisés, quand ce ne sont pas exclusivement les hommes d'État qui s'occupent de politique et la pléthore des politiciens mérite de faire périr ces États.

Schopenhauer a joui d'un autre grand avantage du fait qu'il n'était pas destiné et qu'il n'a pas été élevé dès le début en vue de la carrière de savant. De fait, il travailla pendant un certain temps, bien qu'avec répugnance, dans un comptoir commercial et il put en tous les cas respirer, durant toute sa jeunesse, la libre atmosphère d'une grande maison de commerce. Un savant ne peut jamais se transformer en philosophe. Kant lui-même n'en fut point capable et resta jusqu'à sa fin, malgré la poussée naturelle de son génie, en quelque sorte à l'état de chrysalide. Celui qui pourrait croire que par cette affirmation je fais injure à Kant ne sait pas ce que c'est qu'un philosophe. Un philosophe est à la fois un grand penseur et un homme véritable, et quand a-t-on jamais pu faire d'un savant un homme véritable ? Celui qui permet aux notions, aux opinions, aux choses du passé, aux livres de se placer entre lui et les objets, celui qui, au sens le plus large, est né pour l'histoire, ne verra jamais les objets pour la première fois et ne sera jamais lui-même un tel objet vu pour la première fois. Mais ces deux conditions sont inséparables chez le philosophe, parce qu'il doit tirer de lui-même la plupart des enseignements et parce qu'il doit s'utiliser lui-même comme l'image et l'abrégé du monde entier. Si quelqu'un s'analyse au moyen d'opinions étrangères, quoi d'étonnant s'il n'observe sur lui rien autre chose que précisément des opinions étrangères. Et c'est ainsi que sont, vivent et regardent les savants.

Schopenhauer, par contre, a eu le bonheur indescriptible non seulement de voir en lui-même de près le génie, mais encore de le voir en dehors de lui, dans Gœthe. Par la vision de ce double reflet il s'est trouvé profondément renseigné et rendu sage au sujet de toutes les fins et de toutes les cultures savantes. Par le moyen de cette expérience il savait comment l'homme libre et fort doit être fait, l'homme libre et fort auquel aspire toute culture artistique.

Pouvait-il, après ce regard, garder l'envie de s'occuper de ce que l'on appelle « l'art », à la manière savante et hypocrite de l'homme moderne ? N'avait-il pas vu quelque chose de plus sublime encore ? Une scène terrible et supra-terrestre du tribunal, où toute vie, même la vie supérieure et complète, avait été pesée et trouvée trop légère ; il avait vu le Saint comme juge de l'existence. On ne saurait déterminer à quel moment le précoce Schopenhauer a dû contempler cette image de la vie, qu'il tenta de retracer plus tard dans tous ses écrits. On peut démontrer que l'adolescent, je suis presque tenté de dire l'enfant, avait déjà eu cette vision formidable. Tout ce qu'il emprunta plus tard à la vie, aux livres, à toutes les branches de la science n'a été pour lui, presque toujours, que couleur et moyen d'expression. La philosophie kantienne elle-même a été mise à contribution par lui avant tout comme un extraordinaire instrument rhétorique, au moyen duquel il croyait exprimer avec plus de précision cette image, de même qu'il s'est servi à l'occasion, pour remplir le même but, des mythologies bouddhistes et chrétiennes. Pour lui, il n'y avait qu'une seule tâche et cent mille moyens de la remplir ; une seule signification et d'innombrables hiéroglyphes pour l'exprimer.

Ce fut une des conditions magnifiques de son existence qu'il put véritablement vivre pour une seule tâche, conformément à sa devise *vitam impendere vero* et qu'aucune nécessité vulgaire de la vie ne lui imposa sa contrainte. On sait de quelle façon grandiose il en remercia son père. En Allemagne, tout au contraire, l'homme théorique réalise le plus souvent sa destinée scientifique en sacrifiant la pureté de son caractère, tel un « gredin plein d'égards », avide de places et d'honneurs, prudent et souple, flattant les hommes influents et les supérieurs hiérarchiques. Schopenhauer n'a malheureusement offensé d'innombrables savants par rien de plus qu'en ne leur ressemblant pas.

8.

Par là, j'ai nommé quelques-unes des modifications nécessaires à la formation du génie philosophique, malgré les pernicieuses influences contraires, lorsqu'il naît à notre époque. Ce sont la virilité du caractère, la connaissance précoce de l'homme, l'absence d'éducation savante et d'étroitesse patriotique, la libération de toute contrainte en vue de gagner son pain et de tout rapport avec l'État, bref, la liberté et toujours la liberté. Les philosophes grecs purent grandir dans ce même élément merveilleux et dangereux. Que celui qui veut reprocher au philosophe ce que Niebuhr reprocha à Platon, d'avoir été un mauvais citoyen, le fasse tranquillement et se contente d'être lui-même un bon citoyen. Ainsi il suivra sa vie et Platon fera de même. Un autre interprétera cette grande liberté comme de la présomption. Lui aussi a raison, parce qu'il lui serait impossible de faire quoi que ce soit de cette liberté et que ce serait en effet, de sa part, une grande preuve de présomption s'il la réclamait pour lui-même. Cette liberté est véritablement une lourde faute qui ne peut se racheter que par des actes héroïques. En vérité, le commun des mortels a le droit de jeter un regard de colère sur ceux qui sont ainsi favorisés, mais que les dieux les protègent de jouir eux aussi de pareilles faveurs, c'est-à-dire d'avoir d'aussi terribles devoirs. Leur liberté et leur solitude les feraient périr, l'ennui ferait d'eux des fous, des fous méchants.

De ce qui a été dit jusqu'à présent un père de famille pourrait peut-être apprendre quelque chose et faire pour l'éducation particulière de son fils une utile application, bien qu'il ne faille vraiment pas s'attendre à ce que les pères ne désirent pour fils que des philosophes. Il est plus probable que les pères auront résisté de tout temps, plus que contre tout autre chose, contre la vocation philosophique de leurs fils, considérant celle-ci comme la plus grande toquade. On sait que Socrate fut victime de la colère des pères contre la

« subornation de la jeunesse » et, pour la même raison, Platon crut qu'il était nécessaire de créer un État tout nouveau, pour ne pas faire dépendre la création des philosophes de la déraison des pères. Dès lors, il semble presque que Platon ait véritablement atteint quelque chose, car l'État moderne considère maintenant que c'est sa tâche d'encourager les philosophes et il cherche maintenant sans cesse à rendre heureux un certain nombre d'hommes au moyen de cette « liberté », par quoi nous entendons les conditions essentielles pour la genèse des philosophes. Or, Platon a rencontré dans l'histoire un singulier malheur : chaque fois que naissait une institution qui correspondait à peu près à ses propositions, c'était toujours, à y regarder de plus près, l'enfant supposé d'un lutin, un vilain petit démon. Il en fut ainsi de l'État sacerdotal du moyen âge quand on le comparait au règne des « fils des dieux » qu'il avait rêvé. À vrai dire, l'État moderne est aussi éloigné que possible du règne des philosophes. Grâce à Dieu ! dira le chrétien. Mais l'encouragement des philosophes, tel que l'entend l'État moderne, devrait être examiné une fois de telle sorte que l'on puisse se rendre compte si cet encouragement doit être entendu au sens *platonicien*. Je veux dire qu'il faudrait savoir si l'État prend sa tâche tellement au sérieux que c'est son dessein de faire naître de nouveaux Platon. Si, généralement, la présence du philosophe dans son temps apparaît comme fortuite, l'État s'impose-t-il aujourd'hui véritablement le devoir de transformer consciemment ce caractère fortuit en une nécessité et d'aider ici aussi la nature ?

L'expérience, malheureusement, nous a ouvert les yeux et nous a fait voir qu'il en est tout autrement. Elle nous apprend que, pour ce qui est des grands philosophes auxquels la nature a accordé ses dons, rien ne s'oppose plus à leur création et à leur développement que les mauvais philosophes qui sont philosophes par grâce d'État. Sujet pénible, à vrai dire. C'est, comme on sait, le même que celui dont Schopenhauer aborda d'abord l'étude dans son célèbre traité consacré à la philosophie des universités. Je reviens à ce sujet, car il faut contraindre les hommes à le prendre au sérieux, c'est-à-dire à se laisser par lui pousser à un acte ; et je considérerais toute parole écrite inutilement qui ne contiendrait pas une pareille incitation à l'action. En tous les cas, il n'est pas mauvais de démontrer encore une fois les affirmations toujours valables de Schopenhauer, en les rapportant directement à nos contemporains les plus proches, car des personnes trop bien disposées pourraient croire que depuis sa sévère accusation tout en Allemagne est entré dans une meilleure voie. L'œuvre qu'il a entreprise, même sur ce point, si médiocre fût-il, n'a pas encore donné de résultat.

À y regarder de plus près, cette « liberté », dont l'État a gratifié certains hommes au bénéfice de la philosophie, n'est pas du tout une liberté, mais seulement un métier qui nourrit son homme. L'encouragement à la philosophie consiste donc simplement en ceci qu'il existe du moins un certain nombre d'hommes qui, par le moyen de l'État, sont mis en mesure de *vivre* de leur philosophie en faisant de celle-ci leur gagne-pain. Les sages anciens de la Grèce, par contre, n'étaient pas appointés par l'État. Tout au plus leur rendait-on parfois honneur, comme à Zénon, par l'attribution d'une couronne d'or et d'un tombeau en céramique. Je ne saurais dire, d'une façon générale, si l'on sert la vérité en montrant la route qu'il faut suivre pour vivre à ses dépens, car tout dépend de l'espèce et de la qualité de l'individu que l'on invite à s'engager sur cette route. Je pourrais parfaitement imaginer un degré de fierté et d'estime de soi qui pousserait un homme à dire à ses prochains ; prenez soin de moi ; pour ma part, j'ai mieux à faire, car j'ai à prendre soin de vous. Chez Platon et chez Schopenhauer une pareille générosité de sentiment et l'expression de cette générosité n'étonneraient pas, c'est pourquoi, eux, du moins, pourraient être philosophes d'Université, comme Platon fut à l'occasion philosophe de cour sans pour cela abaisser la dignité de la philosophie. Mais Kant fut déjà, comme nous autres savants avons coutume d'être, plein d'égards et de soumission dans ses rapports avec l'État. La grandeur lui faisait défaut. À telle enseigne que si la philosophie d'Université était une fois attaquée, il ne saurait la justifier. S'il existait des natures qui, elles, soient capables de la justifier – des natures telles que Platon et Schopenhauer, – je craindrais pourtant une chose, c'est qu'elles n'en eussent jamais l'occasion, parce que jamais un État n'oserait favoriser de pareils hommes et les placer dans de telles situations. Pourquoi donc ? Parce que tous les États les craignent et qu'ils ne favoriseront jamais que les philosophes dont ils n'ont pas besoin d'avoir peur. Car il arrive parfois que l'État ait peur des philosophes d'une façon générale et c'est précisément lorsqu'il en est ainsi qu'il cherche à attirer à lui d'autant plus de philosophes qui peuvent faire croire qu'il a la philosophie de soit côté. Car alors il aura de son côté ces hommes qui portent le nom de la philosophie et qui pourtant n'inspirent nullement la peur.

Si pourtant il se présentait quelqu'un qui fasse mine de mettre à la gorge de tout le monde, même de l'État, le couteau de la vérité, l'État, qui tient avant tout à affirmer son existence, serait en droit de l'exclure et de le traiter en ennemi, de même qu'il exclut et combat une religion qui se place au-dessus de lui et veut être juge de ses actes. Quand quelqu'un supporte donc d'être philosophe par grâce d'État, il lui faudra tolérer aussi d'être considéré par l'État comme quelqu'un qui a renoncé à poursuivre la vérité dans tous les recoins. Du moins jusqu'au moment où il se trouvera favorisé et définitivement casé devra-t-il reconnaître qu'au-dessus de la vérité il y a encore autre chose, je veux dire l'État. Et non seulement l'État, mais tout l'ensemble de ce que l'État exige pour son bien-être : par exemple une forme déterminée de la religion, l'ordre social, la constitution de l'armée, toutes choses au-dessus desquelles se trouve écrit un *Noli me tangere*. Un philosophe d'Université s'est-il jamais rendu compte de toute l'étendue de ses obligations et des restrictions qu'il doit s'imposer ? Je n'en sais rien. Si quelqu'un l'a fait et s'il est néanmoins resté fonctionnaire de l'État, il a certainement été un mauvais ami de la vérité ; s'il ne l'a pas fait, eh bien ! alors il me semble qu'il n'a pas non plus été un ami de la vérité.

Ce sont là des scrupules de l'ordre le plus général. Pour les hommes tels qu'ils sont maintenant, à vrai dire, ces scrupules seront de peu de poids et paraîtront assez indifférents. La plupart d'entre eux se contenteront de hausser les épaules et de dire : « Comme si jamais quelque chose de grand et de pur avait pu séjourner et se maintenir sur cette terre sans faire de concessions à la bassesse humaine ! Voulez-vous donc que l'État persécute le philosophe plutôt que de le prendre à son service en le rétribuant ? » Sans répondre dès à présent à cette dernière question, j'ajoute seulement que ces concessions de la philosophie à l'État vont actuellement déjà très loin. Premièrement, l'État choisit des serviteurs philosophiques selon le nombre qui lui est nécessaire pour ses établissements ; il se donne donc l'apparence d'être capable de distinguer entre les bons et les mauvais philosophes ; mieux encore, il admet que les *bons* sont en nombre suffisant pour occuper les chaires dont il dispose. Il devient dès lors l'autorité compétente pour juger non seulement la qualité, mais encore pour fixer le chiffre nécessaire de ceux qui sont bons philosophes. Deuxièmement, il oblige ceux qu'il a choisis au séjour dans un lieu déterminé, parmi des hommes déterminés ; il les force à une activité déterminée ; il leur faut instruire tout jeune étudiant qui en manifeste le goût, et cela quotidiennement, à une heure fixée d'avance.

Me voilà amené à poser les questions suivantes : Un philosophe peut-il donc s'engager, en bonne conscience, à avoir tous les jours quelque chose à enseigner ? À l'enseigner devant tous ceux qui veulent l'écouter ? Ne doit-il pas faire semblant d'en savoir plus qu'il n'en sait ? N'est-il pas forcé de parler devant un public d'inconnus de choses dont il ne devrait s'entretenir sans danger qu'avec ses amis les plus proches ? Et, d'une façon générale, ne se prive-t-il pas de la magnifique liberté qui lui permet de suivre son génie quand son génie l'appelle et où il l'appelle, quand il se voit astreint à penser publiquement, à une heure déterminée, en choisissant des sujets déterminés d'avance ? Et, cela, devant des jeunes gens ! Un pareil envol de pensers n'est-il pas, de prime abord, en quelque sorte mutilé d'avance ? Que serait-ce si, un jour, il se disait qu'il n'est capable de rien penser, qu'il ne lui vient rien d'intelligent et qu'il serait néanmoins forcé de se placer devant son public et de faire semblant de penser ?

Mais, objectera-t-on, ce philosophe ne doit pas du tout être un penseur, il doit se contenter tout au plus de réfléchir et d'exposer ; avant tout il sera un connaisseur savant de tous les penseurs des temps écoulés ; de ceux-là il pourra toujours raconter quelque chose que ses élèves ne savent pas. C'est là précisément la troisième concession extrêmement dangereuse que la philosophie fait à l'État, quand elle s'engage vis-à-vis de celui-ci à être avant tout et principalement de l'érudition. Elle est alors, avant tout, la connaissance de l'histoire de la philosophie, tandis que, pour le génie qui, semblable au poète, regarde les choses naturellement et avec amour et ne sait jamais s'identifier à elles, le farfouillage dans d'innombrables opinions étrangères et plus ou moins absurdes apparaît peut-être comme la tâche la plus ingrate et la plus fâcheuse. L'étude de l'histoire du passé ne fut jamais l'affaire du véritable philosophe, ni aux Indes, ni en Grèce. Un professeur de philosophie qui s'occupe de semblables travaux doit accepter que l'on dise de lui, au meilleur cas, c'est un bon philologue, un bon antiquaire, un bon polyglotte, un bon historien, mais jamais : c'est un philosophe. D'ailleurs, comme je viens de le dire, au meilleur cas seulement, car devant la plupart des travaux savants faits par des philosophes d'Université, le philologue a l'impression qu'ils sont mal faits, que la rigueur scientifique leur fait défaut et qu'il s'en dégage le plus souvent un détestable ennui.

Qui donc, pour ne prendre qu'un exemple, débarrassera de nouveau l'histoire des philosophes grecs de la brume endormante qu'y ont répandu les travaux savants, mais à peine scientifiques et malheureusement fort ennuyeux de Ritter, de Brandis et de Zeller ? Pour mon compte, je préfère lire Diogène Laërce que Zeller, parce qu'en celui-là revit du moins l'esprit des philosophes anciens, tandis qu'en celui-ci on ne sent rien, ni cet esprit, ni aucun autre. Et, en fin de compte, qu'importe à nos jeunes gens l'histoire de la philosophie ? La confession des opinions doit-elle les décourager d'avoir, eux aussi, des opinions ? Doivent-ils être instruits à prendre part aux jubilations provoquées par le chemin magnifique que nous avons parcouru ? Doivent-ils peut-être même apprendre à haïr et à mépriser les philosophes ? On serait presque tenté de croire qu'il en est ainsi, lorsque l'on sait quels supplices sont pour les étudiants les examens de philosophie en vue desquels ils leur faut introduire dans leur malheureux cerveau toutes les inventions folles et absurdes de l'esprit humain, à côté des idées grandioses et difficiles à saisir. La seule critique d'une philosophie qui soit possible et qui démontre quelque chose, celle qui consiste à essayer si l'on peut vivre conformément à cette philosophie, n'a jamais été enseignée dans les universités, où l'on se contente de faire une critique des paroles en paroles. Qu'on s'imagine donc un jeune cerveau, sans grande expérience de la vie, qui devra emmagasiner pêle-mêle cinquante systèmes réduits à un certain nombre de mots et cinquante critiques de ces systèmes. Quel désert ! quel chaos ! quelle insulte à l'éducation en vue de la philosophie ! de fait, l'on avoue que l'on n'entend nullement éduquer en vue de la philosophie, mais simplement en vue d'un examen sur des matières philosophiques. Le résultat de cet examen, c'est généralement, comme on le sait, l'aveu du candidat soumis à l'épreuve – et quelle épreuve ! – qui, quand il est au bout de ses peines, s'écrie : Dieu soit loué que je ne sois pas philosophe, mais chrétien et citoyen de mon pays !

Qu'est-ce à dire ? Ce soupir de soulagement ne serait-il pas voulu par l'État, et l'éducation philosophique n'aurait-elle d'autre but que de détourner de la philosophie ? Qu'on se demande donc s'il n'en est pas ainsi. Si c'était le cas, il n'y aurait qu'une chose à craindre, c'est que la jeunesse s'aperçoive un jour du mauvais usage que l'on fait de la philosophie. Le but élevé que l'on prétend poursuivre, la création du génie philosophique, ne serait-il qu'un prétexte ? Le but véritable ne serait-il pas, au contraire, d'empêcher cette création ? Le sens de l'étude tournerait en son contre-sens ? Alors, malheur à l'échafaudage dressé par la sagesse de l'État et la sagesse des professeurs !

Tout cela aurait-il déjà fini par s'ébruiter ? Je n'en sais rien, mais, ce qui est certain, c'est que la philosophie d'Université est tombée dans un discrédit général. Cela tient en partie à ce fait qu'actuellement les chaires universitaires sont occupées par une génération débile, et Schopenhauer, s'il avait à écrire aujourd'hui son traité sur la *Philosophie universitaire*, n'aurait pas eu besoin d'une massue, mais, pour vaincre, une baguette lui eût suffi. Cette génération est composée des héritiers et des descendants de ces faux-penseurs dont les têtes à l'envers reçurent ses coups. Ils ont assez l'air de nourrissons et de nains pour faire penser à ce verset de l'Inde : « C'est d'après leurs actes que naissent les hommes, sots, muets, sourds, difformes. » Ces pères méritent une pareille descendance, conformément à leurs « actes », comme dit le verset. Il faut donc croire que la jeunesse académique se tirera certainement bientôt d'affaire sans la philosophie que l'on enseigne à ses universités et que les gens qui n'appartiennent pas aux milieux universitaires s'en passent déjà aisément. Que chacun songe donc à ses propres années d'étudiant. Pour moi, par exemple, les philosophes académiques étaient des hommes parfaitement indifférents, je les tenais pour des gens qui accommodaient à leur usage les résultats des autres sciences, qui, durant leurs heures de loisirs, lisaient les journaux et fréquentaient les concerts et que leurs collègues académiques traitaient du reste avec un mépris agréablement masqué. On les supposait très ignorants, toujours prêts à se tirer d'embarras par une tournure de phrase qui obscurcissait leur pensée, de façon à faire illusion sur leur savoir. Ils se tenaient donc de préférence dans ces endroits crépusculaires, où un homme au regard limpide ne saurait séjourner longtemps. L'un soulève contre les sciences naturelles l'objection qu'aucune n'est capable d'expliquer complètement le problème élémentaire de la vie et en conclut qu'elles lui sont toutes indifférentes. Un autre prétend que l'histoire n'apporte rien de nouveau à celui qui a des idées.

Bref, ils trouvent toujours des raisons qui leur font estimer qu'il est plus philosophique de ne rien savoir que d'apprendre quelque chose. Mais, quand ils se résignent à apprendre, ils ont toujours la tendance secrète d'échapper aux sciences pour fonder un domaine obscur dans une de ses lacunes ou de ses régions inexplorées. C'est ainsi qu'ils précèdent la science seulement à la façon du gibier qui est toujours devant le chasseur qui court après lui.

Dans ces derniers temps, ils se plaisent à affirmer qu'ils ne sont en somme que les garde-frontières et les guetteurs de la science. Ils s'appuient en particulier sur la doctrine de Kant, dont ils s'appliquent à faire un oiseux scepticisme qui n'intéressera bientôt plus personne. Çà et là, l'un d'entre eux s'élève encore jusqu'à un petit système métaphysique, mais le seul résultat qu'il en tire c'est qu'il est pris de vertige, de maux de tête et de saignements de nez. Après avoir si souvent manqué le voyage dans la brume et les nuages, après avoir été à chaque instant pris par les cheveux et ramené aux réalités par un rude disciple à tête dure de la vraie science, il ne reste plus sur son visage que l'expression habituelle de l'homme timoré et du chien battu. Ils ont complètement perdu la joyeuse espérance, au point qu'aucun d'eux ne fait plus un pas pour complaire à sa philosophie. Autrefois, quelques-uns pensaient pouvoir inventer de nouvelles religions ou remplacer des systèmes anciens par le leur. Maintenant une pareille présomption s'est éloignée d'eux ; ils sont généralement gens pieux, timides et obscurs, on ne les trouve jamais braves comme Lucrèce, ni indignés de l'oppression qui a pesé sur les hommes. On n'apprend plus non plus chez eux à penser logiquement et, dans une juste appréciation de leurs forces, ils ont cessé leurs habituelles disputations.

Sans doute, du côté des sciences spéciales est-on maintenant plus logique, plus prudent, plus modeste et plus inventif ; bref, tout s'y passe d'une façon plus philosophique que chez les prétendus philosophes. Tout le monde approuvera donc Bagehot, cet Anglais sans préjugés, quand il dit des constructeurs actuels de systèmes : « Qui donc n'est pas convaincu d'avance que leurs prémisses contiennent un singulier mélange de vérité et d'erreur et que cela ne vaut pas la peine de réfléchir aux conséquences qu'ils présentent ? Ce que ces systèmes ont de complet attirera peut-être la jeunesse et impressionnera les gens sans expérience, mais les hommes faits ne s'en laisseront point éblouir. Ceux-ci sont toujours prêts à accueillir favorablement les indications et les conjectures et la plus petite vérité trouve chez eux bon accueil. Mais un gros livre rempli de philosophie déductive appelle la méfiance. D'innombrables principes abstraits, et dont la démonstration fait défaut, sont hâtivement rassemblés par des gens à l'imagination vive et mobile et soigneusement tirés en longueur dans des livres et des théories qui doivent servir à expliquer le monde entier. Mais le monde ne se préoccupe pas de ces abstractions, ce qui n'est pas étonnant, vu qu'elles se contredisent les unes les autres. » Si, autrefois, les philosophes, surtout en Allemagne, étaient plongés dans une si profonde méditation qu'ils couraient sans cesse le danger de donner de la tête contre une poutre, il n'en est plus de même aujourd'hui. On les fait accompagner, comme Swift le raconte des Lilliputiens, d'une bande de joueurs de crécelle, capable de leur asséner de temps en temps un coup léger sur les yeux ou ailleurs. Il se peut que ces coups soient parfois trop rudes ; alors les extatiques s'oublient jusqu'à les rendre, ce qui finit toujours à leur plus grande honte. « Ne vois-tu donc pas la poutre, imbécile ! » s'écrie le joueur de crécelle. Et, de fait, le philosophe s'aperçoit du danger qui le menace et, aussitôt, il s'adoucit.

Ces joueurs de crécelle, ce sont les sciences naturelles et les études historiques. Ils ont peu à peu intimidé la rêvasserie allemande et les personnes du métier que l'on a si souvent confondus avec la philosophie, au point que ces rêvasseurs ne demanderaient pas mieux maintenant que d'abandonner la tentation de marcher tout seuls. Mais, quand ils se jettent à l'improviste dans les bras des joueurs de crécelle ou qu'ils essayent une mise en tutelle qui consiste à se mettre eux-mêmes à la remorque, ceux-ci font aussitôt autant de bruit que possible, comme s'ils voulaient dire : « Il ne manquerait plus que cela ! Un pareil rêvasseur veut nous salir les sciences naturelles et les études historiques. Enlevez-le ! » Alors ils s'en vont de nouveau, trébuchant en arrière, vers leur propre perplexité et leur propre incertitude. À tout prix ils veulent avoir entre les mains un peu de science naturelle, un peu de psychologie empirique, comme les partisans d'Herbart, à tout prix aussi un peu d'histoire. Alors ils peuvent au moins faire semblant publiquement de s'occuper d'une façon scientifique, bien que dans leur for intérieur ils envoient au diable toute philosophie et toute science.

Mais, en admettant, que cette nuée de mauvais philosophes soit ridicule – et qui donc ne l'admettra pas ? – dans quelle mesure peuvent-ils aussi être considérés comme *dangereux ?* Pour le dire en deux mots : par le fait qu'ils font de la philosophie *une chose ridicule.* Tant que subsistera la caste des faux penseurs reconnus par l'État, toute action en grand d'une philosophie véritable sera rendue vaine ou du moins entravée, et cela simplement par la malédiction du ridicule que se sont attiré les représentants de cette grande cause, et qui touche la cause elle-même. Une des revendications de la culture consiste précisément à soustraire la philosophie à tout contrôle de l'État et de l'Université et d'éviter à ceux-ci la tâche insoluble de distinguer entre la philosophie vraie et la philosophie apparente. Laissez donc les philosophes penser en liberté, refusez-leur toute perspective d'une situation, tout espoir de prendre rang dans une position sociale, ne les stimulez pas par un traitement ; mieux encore : persécutez-les, regardez-les avec défaveur et vous assisterez à des choses miraculeuses ! Alors ils se disputeront pour trouver asile çà et là, les pauvres philosophes apparents ! L'un trouvera une cure pastorale, l'autre un poste d'instituteur ; celui-là ira se fourrer dans la rédaction d'un journal, un autre écrira des livres classiques pour pensionnats de jeunes filles. Le plus raisonnable s'attelle à la charrue, le plus vaniteux ira à la cour. La place s'est ainsi vidée comme par enchantement, les oiseaux ont quitté leur nid, car il est facile de se débarrasser des mauvais philosophes, il suffit de ne pas leur accorder de faveurs. En tous les cas, il vaut mieux suivre cette vie-là que de patronner une philosophie quelconque, *quelle qu'elle soit*, en lui donnant publiquement le patronage de l'État.

L'État s'est toujours peu soucié de la vérité, ce qui lui importe, c'est la vérité utile, plus exactement toute espèce d'utilité, que ce soit la vérité, la demi-vérité ou l'erreur. Une alliance entre l'État et la philosophie n'a donc un sens que lorsque la philosophie peut promettre qu'elle sera directement utile à l'État, c'est-à-dire qu'elle place la raison d'État plus haut que la vérité. Il est vrai que si l'État pouvait également mettre à son service et à sa solde la vérité, ce serait pour lui chose merveilleuse. Mais il sait fort bien que c'est l'essence même de la vérité de ne jamais rendre de service, de ne jamais accepter de solde. Dans ce qu'il possède, il ne possède donc que la fausse « vérité », une personne affublée d'un masque, et celle-ci ne peut malheureusement pas lui rendre le service qu'il attendrait de la vérité vraie, à savoir une sanction et une sanctification.

Quand un prince du moyen-âge voulait être nommé par le pape et qu'il n'y réussissait pas, il nommait un anti-pape, qui lui rendait alors ce service. Cela pouvait réussir jusqu'à un certain point ; mais pour l'État moderne, il n'y a pas moyen d'instituer une anti-philosophie qui le légitimerait ; car, avant comme après, il aurait contre lui la vraie philosophie et il l'aurait maintenant plus que jamais. Je crois sérieusement qu'il vaut mieux pour l'État ne pas s'occuper du tout de philosophie, ne rien lui demander et, tant qu'il est possible, la laisser tranquille, comme s'il s'agissait de quelque chose qui lui est indifférent. Tant que les rapports n'en restent pas à cette indifférence, si la philosophie devient pour l'État dangereuse et agressive, qu'il la persécute...

Le seul intérêt que puisse avoir l'État au maintien de l'Université, c'est de dresser, par son canal, des citoyens dévoués et utiles. Ils devraient donc y réfléchir à deux fois avant de mettre en question ce dévouement et cette utilité par ce fait qu'il exige des jeunes gens un examen de philosophie. Pour les cerveaux paresseux et incapables c'est peut-être le véritable moyen de rebuter ceux-ci de leurs études que de faire de la philosophie la terreur des examens. Mais cet avantage ne saurait compenser le préjudice qu'occasionne à une jeunesse téméraire et turbulente une pareille occupation forcée. Les élèves apprennent à connaître des livres défendus, ils commencent à critiquer leurs maîtres et finissent par s'apercevoir du but que poursuit la philosophie d'Université ainsi que les examens qu'elle nécessite, pour ne point parler des scrupules qui peuvent naître à cette occasion chez les jeunes théologiens, et dont le résultat est de faire disparaître peu à peu ceux-ci en Allemagne, comme dans le Tyrol les bouquetins.

Je connais fort bien les objections que l'État aurait pu faire à toutes ces considérations tant que la vaste philosophie hégélienne croissait encore dans toutes les campagnes. Mais maintenant que la grêle a détruit cette moisson et que de toutes les promesses que l'on s'en faisait naguère il ne reste plus rien que des greniers vides, on préfère ne plus rien objecter et l'on se détourne de la philosophie. On tient maintenant la puissance. Du temps de Hegel on se contentait d'aspirer à l'avoir. C'est là une grande différence. L'État n'a plus besoin de la sanction par la philosophie, c'est pourquoi celle-ci est devenue pour lui inutile. Lorsqu'il n'entretiendra plus des chaires aux Universités, ou lorsqu'il se contentera, ce que je prévois pour les temps prochains, de les entretenir seulement en apparence et avec mollesse, il ne pourra qu'en tirer profit. Mais ce qui me paraît, plus important, c'est que l'Université, elle aussi, y verra un avantage. J'estime du moins qu'un sanctuaire de science véritable doit trouver avantage à être libéré de toute communauté avec la demi-science et les quarts de science. Au reste, l'estime où l'on tient les Universités est trop singulière pour que l'on ne doive pas souhaiter par principe l'élimination de disciplines que les universitaires eux-mêmes estiment peu. Ceux qui n'appartiennent pas aux milieux académiques ont des raisons suffisantes pour tenir les Universités en assez médiocre estime. Ils leur reprochent leur lâcheté et constatent que les petites Universités ont peur des grandes et que les grandes craignent l'opinion publique, ils les blâment encore de ne pas être au premier rang dans toutes les questions de haute culture, mais de suivre seulement péniblement et d'une façon tardive. Elles n'observent pas les véritables courants fondamentaux des sciences notoires. C'est ainsi qu'on se livre par exemple aux études linguistiques avec plus d'ardeur que jamais, sans estimer nécessaire pour soi-même une discipline rigoureuse du style et du discours. L'antiquité indienne ouvre ses porte et les spécialistes qui l'ont étudiée possèdent à peine pour l'œuvre incomparable des Hindous, pour leur philosophie, une compréhension supérieure à celle que peut avoir un animal en face d'une lyre. Et pourtant Schopenhauer affirme que la connaissance de la philosophie hindoue est le plus grand avantage que notre siècle ait sur les précédents. L'antiquité classique est devenue une antiquité quelconque et n'a plus rien de classique et de digne de servir d'exemple. Ses disciples le démontrent. Ils ne peuvent vraiment pas passer pour des hommes dont l'exemple doit être suivi.

Où donc a passé l'esprit de Frédéric-Auguste Wolf, dont Franz Passow pouvait dire qu'il apparaissait comme un esprit vraiment patriotique, vraiment humain, qui aurait au besoin la force de mettre en effervescence et d'incendier toute une partie du monde ? Où un pareil esprit a-t-il passé ? Par contre l'esprit des journalistes s'introduit de plus en plus dans les Universités et il n'est pas rare qu'il prenne le masque de la philosophie. Un débit plat et fardé ; *Faust* et *Nathan le Sage* sans cesse sur les lèvres ; le langage et les opinions de nos répugnantes gazettes littéraires ; ajoutez à cela, dans ces temps derniers, des bavardages sur notre sainte musique allemande et la revendication de chaires magistrales pour Schiller et Goethe : de pareils indices suffisent à faire penser que l'esprit universitaire commence à se confondre avec l'esprit du temps. Dans ces conditions, il me paraît extrêmement important qu'en dehors des Universités il se crée un tribunal supérieur qui surveille et juge aussi ces institutions par rapport à la culture qu'elles prétendent répandre. Aussitôt que la philosophie sera éliminée des Universités et que de la sorte elle se purifiera de tous les égards et de tous les malentendus indignes d'elle, elle ne pourra pas être autre chose qu'un pareil tribunal. Sans pouvoirs conférés par l'État, sans rétributions et honneurs, elle saura faire son service, libérée de l'esprit du temps aussi bien que de la crainte inspirée par le temps, en un mot, vivre comme a vécu Schopenhauer, en juge de la prétendue culture qui l'entoure. De cette façon le philosophe est capable d'être également utile à l'Université, à condition qu'il ne s'amalgame pas avec elle, mais qu'il la considère en se tenant fièrement à distance.

Mais, en fin de compte, que nous importe l'existence d'un État, l'encouragement des Universités, quand il s'agit avant tout de l'existence de la philosophie sur la terre ! Ou bien encore, pour ne laisser aucun doute sur mon sentiment, quand il importe infiniment plus qu'un philosophe naisse sur la terre, que si un État ou une Université continuaient à subsister ! Dans la mesure où la servilité devant l'opinion publique et les dangers que court la liberté augmentent, la dignité de la philosophie peut se relever. Elle était à son niveau le plus élevé, quand la République romaine sombrait dans des cataclysmes, et à l'époque impériale, où le nom de la philosophie et celui de l'histoire devenaient *ingrata principibus nomina*. Brutus offre une meilleure preuve de sa noblesse que Platon ; c'était à l'époque où l'éthique cessait d'avoir des lieux communs. Si l'on constate que la philosophie n'est plus très estimée aujourd'hui, il suffit de se demander pourquoi il n'y a plus de grands capitaines, de grands hommes d'État qui s'en disent les disciple. C'est parce que, au moment où ceux-ci cherchaient une philosophie, ils ne rencontraient sous son nom qu'un faible fantôme, une sagesse de professeur, à l'allure savante, une circonspection de professeur, en un mot, parce que la philosophie a vite fait de devenir pour eux une chose ridicule. Et pourtant, elle devrait être pour eux une chose terrible et les hommes qui sont appelés à chercher la puissance devraient savoir quelle source d'héroïsme coule en elle.

Qu'un Américain leur dise quelle est l'importance d'un grand penseur qui vient sur cette terre comme un centre nouveau de forces formidables. « Prenez vos précautions, dit

Emerson, quand le grand Dieu fait venir un penseur sur notre planète, tout est alors en danger. C'est comme si un incendie éclate dans une grande ville et que tout le monde ignore ce qui se trouve encore en sécurité et où le cataclysme prendra fin. Il n'y a rien alors, dans les sciences, qui le lendemain ne pourrait être tourné en son contraire ; il n'y a plus ni réputation littéraire ni célébrité bien assise ; toutes les choses qui, à cette heure, sont chères et précieuses pour l'homme ne le sont qu'au bénéfice de l'idée qui s'est levée à leur horizon intellectuel et qui sont conditionnées dans l'ordre des choses actuel, comme l'arbre porte son fruit. *Un nouveau degré de culture soumettrait instantanément à un bouleversement tout le système des aspirations humaines.* » Or, si de pareils penseurs sont dangereux, il apparaît clairement pourquoi nos penseurs académiques ne le sont pas, car leurs idées se développent paisiblement dans la routine, de la même façon que jamais arbre porta ses fruits. Ils n'effrayent point, ils ne font rien sortir de ses gonds et, de toute leur activité on pourrait dire ce qu'objecta Diogène lorsqu'on loua un philosophe devant lui : « Qu'a-t-il donc à montrer de grand, lui qui s'est si longtemps adonné à la philosophie sans jamais *attrister* personne ? » En effet, il faudrait mettre en épitaphe sur la tombe de la philosophie d'Université : « Elle n'a attristé personne. » Mais c'est là plutôt la louange d'une vieille femme que d'une déesse de la sagesse et il ne faut pas s'étonner si ceux qui ne connaissent cette déesse que sous les traits d'une vieille femme sont très peu hommes eux-mêmes et si, comme de juste, les hommes puissants ne tiennent plus compte d'eux.

S'il en est cependant ainsi de nos jours, la vertu de la philosophie est foulée aux pieds. Il semble bien qu'elle soit elle-même devenue quelque chose de ridicule et d'indifférent, de sorte que tous ses vrais amis ont le devoir de témoigner contre une pareille méprise et de montrer du moins que ce sont seulement ces faux serviteurs et ces indignes dignitaires de la philosophie qui sont ridicules et indifférents. Mieux encore, qu'ils fassent eux-mêmes la preuve par l'action que l'amour de la vérité est quelque chose de terrible et de formidable.

Ceci et cela Schopenhauer l'a démontré et il le démontrera mieux de jour en jour.

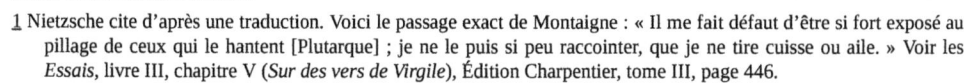

1 Nietzsche cite d'après une traduction. Voici le passage exact de Montaigne : « Il me fait défaut d'être si fort exposé au pillage de ceux qui le hantent [Plutarque] ; je ne le puis si peu raccointer, que je ne tire cuisse ou aile. » Voir les *Essais*, livre III, chapitre V (*Sur des vers de Virgile*), Édition Charpentier, tome III, page 446.